WIR WERDEN TEXTDETEKTIVE

Lehrermanual

Vandenhoeck & Ruprecht

Erarbeitet von:

Andreas Gold
Judith Mokhlesgerami
Katja Rühl
Stephanie Schreblowski
Elmar Souvignier

Mit Zeichnungen von Judith Mokhlesgerami.

Quellen: S. 36, 38: aus M. Stebich, Von Schelmen und närrischen Leuten. Schwänke und Schnurren aus vielen Ländern, Verlagsbuchhandlung Julius Breitschopf jun., Wien 1961, S. 136. - S. 42, 44: aus W. Ecke, Das Gesicht an der Scheibe. 20 spannende Kriminalfälle zum Selberlösen, Otto Maier, Ravensburg 1972, S. 25-29. - S. 56, 58: © Herbert Birken, Altea. - S. 74, 76: aus W. Ecke, Das Karussell der Spitzbuben: 50 Fälle zum Lesen und Lösen, Löwe, Bayreuth 1984, S. 182-186 (Otto Maier, Ravensburg, Lizenzausgabe)

Bibliografische Information Der Deutschen Bibliothek

Die Deutsche Bibliothek verzeichnet diese Publikation in der Deutschen Nationalbibliografie; detaillierte bibliografische Daten sind im Internet über http://dnb.ddb.de abrufbar.

ISBN 3-525-31005-6

2. Auflage 2006 / © 2004, Vandenhoeck & Ruprecht in Göttingen
Internet:www.v-r.de

Printed in Germany.
Druck und Bindung: Hubert und Co., Göttingen

Gedruckt auf alterungsbeständigem Papier.

Übersicht über das Lesetraining

🕘 = eine Unterrichtsstunde

Wir werden Textdetektive

Das Lesetraining „Wir werden Textdetektive" ist im Rahmen eines Forschungsprojekts zur Förderung der Lesekompetenz entstanden. Mit der Entwicklung des Materials war ein dreifacher Anspruch verbunden:

- Die Konzeption des Programms sollte auf Theorien des Lernens und Lehrens basieren.
- Das Programm sollte sich im Unterrichtsalltag bewähren.
- Die Wirksamkeit des Programms sollte empirisch gesichert sein.

Ausführlichere Informationen zum theoretischen Hintergrund und zur Wirksamkeit des Programms finden Sie auf der Homepage der „Textdetektive" unter www.textdetektive.deT.

In seiner ersten Fassung wurde das Unterrichtsprogramm im Jahr 2000 in acht fünften Klassen eines Gymnasiums und einer Gesamtschule erprobt; seither wurde es im Deutschunterricht in über 100 Schulklassen eingesetzt, wissenschaftlich begleitet und kontinuierlich weiterentwickelt. Die Wirksamkeitsprüfung hat gezeigt, dass sich die Lesekompetenz der Schülerinnen und Schüler verbessert, wenn man das Unterrichtsprogramm mit „herkömmlichem" Deutschunterricht vergleicht. Die Trainingseffekte sind überdauernd – auch ein halbes Jahr nach Abschluss sind sie noch nachzuweisen (Mokhlesgerami, 2004).

Das Unterrichtsprogramm soll Kompetenzen zum selbstständigen Umgang mit Texten vermitteln. Dazu werden ausgewählte Lesestrategien eingeführt und eingeübt und es wird auf den selbstregulativen Einsatz solcher Lesestrategien vorbereitet. Die Schülerinnen und Schüler sollen erkennen, dass sie es durch die zieladaptive Anwendung geeigneter Strategien selbst in der Hand haben, zu einem besseren Textverstehen zu gelangen. Wenn Texte besser verstanden werden, wird über das damit verbundene Kompetenzerleben zugleich die Lesefreude gefördert. Auf diese Weise kann das Strategietraining mit dazu beitragen, dass auch außerhalb des Unterrichts mehr und lieber gelesen wird.

„Wir werden Textdetektive" greift damit jene beiden Aspekte auf, die als aussichtsreiche Ansatzpunkte zur Förderung der Lesekompetenz gelten: die *Lesestrategien* und das *Leseinteresse*. In genau diesen beiden Bereichen hat die PISA-Studie erhebliche Defizite bei den Fünfzehnjährigen festgestellt. Das vorliegende Unterrichtsprogramm setzt früher an – es ist für die vierte bis sechste Klassenstufe konzipiert. Indem die Schüler und Schülerinnen angeleitet werden, systematisch und planvoll an Texte heranzugehen, lernen sie Lesestrategien kennen und gewöhnen sich an deren routinemäßigen Einsatz. Für die Neun- bis Zwölfjährigen wird es in aller Regel eine neuartige Herausforderung sein, die strategische Herangehensweise an einen Text selbstständig zu planen und zu reflektieren und die Textverarbeitung selbst zu überwachen.

Das Unterrichtsprogramm „Wir werden Textdetektive" lässt sich im Deutschunterricht aller Schulformen einsetzen. Das Material wurde in Haupt-, Real- und Gesamtschulen und in Gymnasien erprobt. Das hier vorgestellte Manual orientiert sich hinsichtlich Textauswahl und Übungsintensität an einem mittleren Leistungsniveau. Durch Anpassungen an die jeweiligen Lernvoraussetzungen lässt es sich auch in anderen Leistungs- und Altersstufen Gewinn bringend einzusetzen.

Zur theoretischen Konzeption

Die theoretische Konzeption des Programms kommt der Pädagogischen Psychologie. Einen allgemeinen Rahmen bilden die Theorien zum selbstregulierten Lernen (Boekarts, 1999). Die inhaltliche Ausgestaltung des Programms erfolgt mit Bezug auf kognitionspsychologische Theorien des Textverstehens (Kintsch, 1998). Sie konzipieren Lesen als konstruktive Leser-Text-Interaktion, in deren Verlauf mentale Repräsentationen der Textvorlage auf unterschiedlichen Repräsentationsebenen ausgebildet werden. Ein tiefer gehendes Verständnis von Textinhalten wird erreicht, indem die in einem Text enthaltenen Informationen in geeigneter Weise mit dem Vorwissen des Lesers verknüpft werden. So genannte *elaborierende Lesestrategien* sind hierbei hilfreich, sie aktivieren das inhaltsbezogene Vorwissen während des Lesens, um es mit den neuen Informationen zu verbinden. Es ist auch wichtig, eine komprimierte Repräsentation der semantischen Struktur eines Textes zu erzeugen, welche die Hauptgedanken und Kernargumente eines Textes enthält. Hierzu kommen so genannte *reduktiv-organisierende Lesestrategien* zum Einsatz, sie verdichten die in einem Text enthaltenen Informationen auf das Wesentliche. Für das Unterrichtsprogramm „Wir werden Textdetektive" haben wir zwei elaborierende und zwei reduktiv-organisierende Lesestrategien ausgewählt.

Die Fähigkeit zum selbstregulierten Lernen gilt als fächerübergreifende Kompetenz. Es hat sich allerdings gezeigt, dass ein „allgemeines Methodentraining" nur dann wirksam ist, wenn es anhand eines konkreten Lerninhalts durchgeführt wird. Deshalb muss es in einem ersten Schritt darum gehen, den Nutzen des strategischen Lesens an konkreten Textbeispielen modellhaft deutlich zu machen. Der Erwerb eines strategischen Repertoires ist eine notwendige, aber noch keine hinreichende Bedingung für den angemessenen Einsatz von Strategien. Daher wird in einem zweiten Schritt die Selbstregulation des Strategieeinsatzes thematisiert. Es wird dazu angeleitet, den Strategieeinsatz selbstständig zu planen, fortlaufend zu überwachen und im Hinblick auf seine Wirksamkeit selbst zu kontrollieren. Drei so genannte *metakognitive Strategien* sollen diese Kompetenzen zum situationsangemessenen Einsatz von Lesestrategien vermitteln.

Die Förderung der kognitiven Selbstregulation wird durch eine Anleitung zur motivationalen Selbstregulation ergänzt. Strategische Leseprozesse werden nämlich erst dann eigenständig initiiert und aufrechterhalten, wenn man sie als lohnend einschätzt und wenn man glaubt, mit Willen und Können eine gestellte Anforderung erfolgreich zu bewältigen. Aus diesem Grund haben wir dem eigentlichen Lesestrategietraining einen Trainingsbaustein zur Förderung der Leistungsmotivation vorangestellt. In diesen Trainingsstunden soll vermittelt werden, dass sich Erfolge dann einstellen, wenn man sich realistische Ziele setzt und wenn man sich anstrengt. Dieses wichtige Prinzip wird zunächst spielerisch erarbeitet und anschließend auf das Lesen von Texten übertragen. Im Verlauf des Unterrichtsprogramms sollte immer wieder deutlich werden, dass Texte durch den Einsatz von Lesestrategien leichter zu verstehen und besser zu behalten sind und dass es die Lerner(innen) selbst in der Hand haben, ihren Lernprozess zielführend zu steuern.

Zur Umsetzung in ein Unterrichtsprogramm

Kognitionspsychologische Theorien haben – mit unterschiedlichen Schwerpunktsetzungen – seit mehr als 20 Jahren Eingang in Trainingsprogramme zur Förderung der Lesekompetenz gefunden. Erste erfolgreiche Ansätze wurden in den Arbeitsgruppen um Scott Paris (Paris, Cross & Lipson, 1984) und Ann Brown (Palincsar & Brown, 1984) entwickelt. Von Scott Paris stammt auch die Idee, für das Lesestrategietraining die Analogie Detektive – Textdetektive zu verwenden. Durch das Handlungsskript einer detektivischen Rahmenhandlung soll deutlich werden, dass Textdetektive – wie andere Detektive auch – systematisch und unter Anwendung ihrer besonderen Hilfsmittel (der Strategien) an einen Text herangehen müssen, um ihn zu bewältigen: Textverarbeitung als Problemlösen. Lesestrategien werden deshalb als „Detektivmethoden" eingeführt.

In Deutschland wurde ein an Scott Paris anknüpfendes strategieorientiertes Lesetraining erstmals von Marcus Hasselhorn (Hasselhorn & Körkel, 1983) adaptiert und erprobt. Basierend auf diesen Vorarbeiten entwickelte Stefanie Schreblowski (Schreblowski & Hasselhorn, 2001; Schreblowski, 2004) ein umfassendes Trainingsprogramm, in welchem die Vermittlung kognitiver und metakognitiver Lesestrategien durch eine Förderung der Leistungsmotivation unterstützt wurde. Dieses Programm ist als Individualtraining oder zum Einsatz in kleinen Lerngruppen konzipiert. Davon ausgehend wurde das hier vorgelegte Unterrichtsprogramm für Schulklassen entwickelt.

Während es in anderen Ländern durchaus üblich ist, neu entwickelte Förderkonzepte in den regulären Schulunterricht zu implementieren und unter „Alltagsbedingungen" zu testen, werden in

Deutschland solche Fördermaßnahmen fast ausschließlich in Form zusätzlicher „Nachhilfe" eingesetzt und erprobt. Ein Problem der unterrichtsadditiven Durchführung von Trainingsprogrammen liegt allerdings darin, dass ihnen nur selten eine nachhaltige Wirksamkeit beschieden ist: Wenn nämlich die Anwendung neu erworbener Kompetenzen nicht über einen längeren Zeitraum hinweg immer wieder im Unterricht eingefordert wird, wenn die neu erlernten Strategien nicht zu selbstverständlichen Arbeitsroutinen werden – dann gehen sie auch schnell wieder verloren. Demgegenüber bietet der reguläre Unterricht – gerade auch fächerübergreifend – vielfältige Übungs- und Anwendungsmöglichkeiten für die neu erlernten Strategien.

Literatur

Boekarts, M. (1999). Self-regulated learning: where we are today. International Journal of Educational Research, 31, 445-457.

Hasselhorn, M. / Körkel, J. (1983). Gezielte Förderung der Lernkompetenz am Beispiel der Textverarbeitung. Unterrichtswissenschaft, 4, 370-382.

Kintsch, W. (1998). Comprehension: A paradigm for cognition. Cambridge, UK: Cambridge University Press.

Mokhlesgerami, J. (2004). Förderung der Lesekompetenz. Hamburg: Kovač.

Paris, S.G. / Cross, D.R. / Lipson, M.Y. (1984). Informed strategies for learning: A program to improve children's reading awareness and comprehension. Journal of Educational Psychology, 76, 1239-1252.

Schreblowski, S. (2004). Training von Lesekompetenz. Münster: Waxmann.

Schreblowski, S. / Hasselhorn, M. (2001). Zur Wirkung zusätzlicher Motivänderungskomponenten in einem metakognitiven Textverarbeitungstraining. Zeitschrift für Pädagogische Psychologie, 15, 145-154.

Zur Durchführung

Das Lesetraining umfasst drei inhaltliche Bereiche oder Bausteine:

1. motivationale Selbstregulation
2. kognitive und metakognitive Lesestrategien
3. kognitive Selbstregulation.

Das Programm beginnt mit dem Baustein zur *motivationalen Selbstregulation*. Dabei geht es um eine Auseinandersetzung mit dem eigenen Zielsetzungsverhalten und mit der Bewertung eigener Leistungen („Was ist für mich persönlich ein Erfolg?" und „Worauf führe ich einen Erfolg/Misserfolg zurück?"). Es soll vermittelt werden, dass eigenes (Lern-)Engagement ursächlich für den individuellen (Lern-)Erfolg ist.

Die sieben *kognitiven und metakognitiven Lesestrategien* (die Detektivmethoden) stehen für ein bewusst überschaubar gehaltenes Strategierepertoire. Entscheidend ist nicht, wie viele Strategien man kennt, sondern dass man weiß, wann welche Strategie einzusetzen ist. Deshalb muss deutlich werden, dass die sieben Lesestrategien ganz unterschiedliche Funktionen haben. Das Wissen über die Funktionsweise, über den Nutzen und über die Anwendungsbedingungen der einzelnen Lesestrategien ist eine notwendige Voraussetzung für ihren selbstständigen und erfolgreichen Einsatz. Für jede Detektivmethode gibt es ein Merkkärtchen. Es hilft dabei, sie sich immer wieder schnell ins Gedächtnis zu rufen. Die Kärtchen sollten auch nach Abschluss des Lesetrainings bei allen neu zu erarbeitenden Texten zu Rate gezogen werden.

Der Unterrichtsbaustein zur *kognitiven Selbstregulation* integriert die bis dahin vermittelten Inhalte zu einer Handlungsroutine: Wir nennen das einen „Leseplan". Dabei wird vermittelt, dass der Strategieeinsatz in Abhängigkeit von den jeweiligen Textanforderungen eigenverantwortlich zu planen, zu überwachen und zu regulieren ist. Damit soll gewährleistet werden, dass aus dem „deklarativen Wissen" über die Funktionsweise und über den Nutzen von Lesestrategien tatsächlich auch Alltagsroutinen für das Lesen und Bearbeiten von Texten werden.

Das Unterrichtsprogramm ist erfolgreich, wenn es gelingt, zum selbstständigen und selbstregulativen Einsatz von Lesestrategien anzuleiten. Diese Art des Umgangs mit Texten wird längerfristig aber nur dann aufrecht erhalten, wenn sie immer wieder eingefordert wird. Lehrerinnen und Lehrer können ganz entscheidend zur Förderung der Lesekompetenz und zum Erfolg des Programms beitragen, wenn sie sich an dieser Zielsetzung orientieren. Die folgenden Instruktionsprinzipien und Hinweise haben sich nach unseren Erfahrungen bei der Durchführung als hilfreich erwiesen:

- Explizit Informationen über den Nutzen und die Anwendungsbedingungen der trainierten Strategien geben. Entsprechende Informationen sind in diesem Manual enthalten.
- Die Anwendung der Lesestrategien modellhaft vormachen. Wenn Sie dies begleitend verbalisieren, werden Ihre Denkprozesse beim strategischen Lesen sichtbar gemacht.
- Gemeinsam über den vorangegangenen Einsatz und die Wirksamkeit der Strategien reflektieren: „Hat die Detektivmethode geholfen oder eher nicht?" Die Einsicht, dass die trainierten Strategien tatsächlich bei der Textbearbeitung helfen, motiviert und unterstützt die längerfristige Übernahme der Strategien.
- Die Verantwortung für den Strategieneinsatz schrittweise auf die Schülerinnen und Schüler übertragen. Die Strategien zunächst gemeinsam an unterschiedlichen Texten einüben, den Strategieeinsatz durch Hilfestellungen unterstützen und regelmäßig einfordern. Mit zunehmendem Lernfortschritt blenden Sie Ihre Hilfestellungen wieder aus.
- Der zeitliche Umfang des Unterrichtsprogramms ist mit etwa 20-25 Unterrichtsstunden nicht ausreichend, um die Schülerinnen und Schüler zu routinierten Textdetektiven auszubilden. Es wird daher empfohlen, die zugrunde liegenden Prinzipien und den Leseplan auch in anderen Unterrichtsstunden anzuwenden.
- Es hat sich bewährt, das Unterrichtsprogramm über einen längeren Zeitraum verteilt und nicht als Kompaktkurs durchzuführen. Auf diese Weise wird auch Zeit für das Üben und Festigen der Detektivmethoden gewonnen.
- Die Mischung aus Sachtexten und narrativen Texten unterstreicht den Anspruch, verallgemeinerbare Prinzipien „strategischen Lesens" über unterschiedliche Textgattungen hinweg zu vermitteln. Der fortlaufende Rückgriff auf die Detektivmethoden im „regulären" (Deutsch-)Unterricht und die Übertragung der Methoden auf andere Fächer, in denen ebenfalls mit Texten gearbeitet wird, trägt entscheidend zur Festigung und Automatisierung der Lesestrategien bei.

Aufbau des Lehrermanuals

Das Lehrermanual umfasst 14 Lerneinheiten. Aufgrund der vorliegenden Erfahrungswerte haben wir den für die Lerneinheiten benötigten Zeitbedarf in Unterrichtsstunden angegeben. Die Anzahl benötigter Unterrichtsstunden hängt jedoch stark von den Vorkenntnissen und Fähigkeiten einer Klasse und von der Organisation des Unterrichts ab. Von den sieben Detektivmethoden sind die ersten vier aufeinander aufbauende **Verstehensmethoden**, die letzten drei unabhängig voneinander und textspezifisch anzuwendende **Behaltensmethoden**.

Rechte Manualseite:

- Die rechte Seite des Manuals enthält für die einzelnen Lerninhalte eine kurze Übersicht über die **Ziele** und das **Material** (in Stichpunkten).
- Unter dem Stichwort **Erarbeitung** finden Sie einen Leitfaden zur Vermittlung der Lerninhalte. Dieser kann zusätzlich ausformulierte Beispiele eines Unterrichtsgesprächs in Hinblick auf die zu vermittelnden Inhalte enthalten.
- Anmerkungen und Wissenswertes zur Durchführung werden unter dem Stichwort **Wichtige Hinweise** aufgeführt.
- In der Rubrik **Weitere Anregungen** stehen Vorschläge zur Unterrichtsgestaltung.
- Ferner finden Sie beispielhafte Formulierungen zur Überleitung zwischen einzelnen Abschnitten.

Linke Manualseite:

- Die linke Seite des Manuals enthält unter **Bemerkungen für die Unterrichtenden** Hintergrundinformationen zu der betreffenden Lerneinheit. Darüber hinaus sind verwendete Materialien des Arbeitsheftes und Unterrichtsbeispiele abgebildet.

Die Doppelseiten sind jeweils parallel zu lesen.

Erklärung der Symbole/ Abkürzungen:

Das Symbol dient als Querverweis zwischen rechter und linker Manualseite. Es taucht auf der rechten Seite in einzelnen Unterrichtsabschnitten auf und verweist an dieser Stelle auf nützliche Unterrichtsbeispiele oder auf das abgebildete Arbeitsmaterial auf der linken Manualseite.

Mit diesem Buchsymbol markierte Seitenzahlen beziehen sich immer auf das Arbeitsheft.

Dieses Symbol bezieht sich auf den zeitlichen Rahmen, den Sie zur Durchführung der Lerninhalte einplanen sollten (eine Uhr entspricht einer Unterrichtsstunde). Die Angaben dienen lediglich zur Orientierung!

DM Im Text finden Sie anstelle des Wortes **D**etektiv**M**ethode die Abkürzung DM.

Arbeitshefte

Das Arbeitsheft für die Schülerinnen und Schüler enthält sämtliche Arbeitsmaterialien, Texte und Merkblätter, die während des Trainings benötigt werden.

Anhang

Hier gibt es Folien- und Kopiervorlagen und zusätzliche Arbeitsmaterialien. Hinweise hierzu finden Sie an den entsprechenden Stellen des Lehrermanuals. Auf S. 110-112 finden Sie drei Beispiele für Klassenarbeiten. Sie sind als Anregung zur Konzeption eigener Klassenarbeiten gedacht.

Textauswahl

Für den Erwerb der Lesestrategien wurde eine Auswahl aus Sach- und narrativen Texten getroffen, um einen Transfer der erlernten Methoden auf unterschiedliche Textsorten zu ermöglichen. Es wurden spannende und anregende Texte ausgewählt, die unterschiedliche Themenbereiche umfassen. Natürlich können die Lesestrategien auch anhand anderer Texte vermittelt werden.
Die folgenden Texte haben sich in unseren Studien bewährt:

Hüttner, D.: Komm, ich zeig dir die Sonne. rororo. – Die Geschichte eines Jungen, der sich zunächst für einen Versager hält, allmählich aber lernt, sich etwas zuzutrauen.

Timm, U.: Rennschwein Rudi Rüssel (ab 10 Jahre). dtv. – Der Hauptgewinn einer Tombola, ein Ferkel, entpuppt sich als aufregendes Familienmitglied.

Rusch, R.: Johanna, wir sind stark. Arena – Kindererzählung. Ausländerfeindlichkeit und gegenseitiger Respekt sind die Hauptthemen.

Dahl, R.: Matilda (ab 8 J.). rororo. – Matilda ist ein sehr gescheites Wunderkind – aber keiner merkt es. Da entdeckt sie, dass sie übersinnliche Kräfte hat.

Press, H.J.: Die Abenteuer der schwarzen Hand (ab 10 J.). Ravensburger. – Kriminalgeschichten.

Kliewer, H.J. / Kliewer, U.: Der Zauberkasten. Alte und neue Geschichten für Kinder. Reclam. – Besonders die Geschichte *Der Propellerteller* von J. Guggenmos eignet sich zur Einführung des bildlichen Vorstellens.

In einzelnen Lerneinheiten wird unter der Rubrik **Weitere Anregungen** auf zusätzliche Literatur zur Übung / Vorbereitung der Detektivmethoden verwiesen.

Wir wünschen Ihnen und Ihrer Klasse viel Erfolg!

Die Autoren

Bemerkungen für die Unterrichtenden – zur Rahmenhandlung

Die Parallele zur Arbeit eines Detektivs wurde gewählt, weil sie das planende und methodische Vorgehen im Umgang mit Texten verdeutlicht, das Inhalt des Lesetrainings ist. Aus diesem Grund kommt es bei der Erarbeitung des Arbeitsblattes nicht so sehr auf Einzelheiten an. Wichtig ist, dass die Schüler die Parallele und damit die Rahmenhandlung des Trainings erfassen.

Tafelbild

Detektive	**Textdetektive**
Was macht ein Detektiv? ...	Was macht ein Textdetektiv? ...
Welche Eigenschaften braucht ein Detektiv? ...	Welche Eigenschaften braucht ein Textdetektiv? ...
Welche Hilfsmittel hat ein Detektiv? ...	Welche Hilfsmittel hat ein Textdetektiv? ...

Zu Tafelbild und Arbeitsblatt

Anstelle eines Tafelbildes bzw. der Bearbeitung im Arbeitsblatt können Sie die Parallele ›Detektiv / Textdetektiv‹ auch in Form eines Posters erarbeiten, das anschließend in der Klasse aushängt.
Das ausgefüllte Arbeitsblatt (S. 5) ist als Anregung und Illustration gedacht; die Schülerinnen und Schüler entwickeln sehr schnell eigene Ideen und Formulierungen. Als Beispiel finden Sie eine von einem Schüler erarbeitete Tabelle im Anhang S. 79. Die können auch Kärtchen ausfüllen lassen, die dann anschließend auf ein Poster geklebt werden.
Bei Zeitknappheit kann das Arbeitsblatt gekürzt werden.

Arbeitsblatt S. 5

Detektive	Textdetektive
Was macht ein Detektiv? - er bekommt einen Auftrag - er befragt Leute - er beobachtet Leute - er sammelt Informationen - er kombiniert und zieht Schlussfolgerungen	**Was macht ein Textdetektiv?** - er bekommt eine Aufgabe - er sammelt Informationen aus dem Text - er kombiniert und zieht Schlussfolgerungen
Welche Eigenschaften braucht ein Detektiv? - gründlich sein - geduldig sein - sich konzentrieren - sich gut einschätzen	**Welche Eigenschaften braucht ein Textdetektiv?** - muss Text gründlich lesen - geduldig lesen - sich konzentrieren - sich gut einschätzen

Ziele	Einführung in die Rahmenhandlung Gemeinsames Erarbeiten der Parallele Detektiv-Textdetektiv
Material	Arbeitsheft Arbeitsblatt: „Was macht ein Textdetektiv?" S. 5 Je nach Erarbeitung der Parallele: Utensilien eines Detektivs
	Arbeitshefte austeilen
Erarbeitung	**Gemeinsames Erarbeiten der Parallele Detektive – Textdetektive** Am Tafelbild „Detektive-Textdetektive" bzw. im Arbeitsblatt „Was macht ein Textdetektiv?" In der nächsten Zeit werdet ihr zu Textdetektiven ausgebildet. Ihr fragt euch bestimmt: Was sind Textdetektive? Um die Frage zu beantworten, überlegen wir uns zuerst, was richtige Detektive machen. **Vorschlag zur Umsetzung** Zuerst die Aufgaben, Eigenschaften und Hilfsmittel eines Detektivs erarbeiten: Was ist typisch für Detektive? Was können Detektive besser als andere Menschen? Dann von der Klasse Analogien zum Textdetektiv finden lassen: Was macht ein Textdetektiv? Was können Textdetektive besser als andere Leser? Anschließend gemeinsam das Arbeitsblatt ausfüllen **Gemeinsames Erarbeiten der Bedeutung eines Textdetektivs** – in Hinblick auf den Umgang mit Texten in und außerhalb der Schule. Warum könnte es sich lohnen, ein Textdetektiv zu werden? Wenn ihr an gestern denkt, was habt ihr da alles gelesen? Wo wird überall gelesen? **Zusammenfassung und Ausblick** In den nächsten Stunden wollen wir uns zu Textdetektiven ausbilden lassen und einzelne Detektivmethoden kennen lernen.
Wichtige Hinweise	Zum Abschluss der Stunde darauf hinweisen, dass für die nächste Stunde *Briefumschläge* mitgebracht werden sollen, in denen die Kärtchen mit den Detektivmethoden aufbewahrt werden können.
Weitere Anregungen	Die Parallelen können gut in einem Rollenspiel erarbeitet werden. Legen Sie eine Lupe, Notizblock, Zeitung, Sonnenbrille und Hut (zur Tarnung) auf den Tisch. Anhand der Utensilien kann gemeinsam überlegt werden, welche Aufgaben ein Detektiv hat. Bei dieser Form der Erarbeitung sollten Sie eine Doppelstunde einplanen.

Bemerkungen für die Unterrichtenden – zur realistischen Zielsetzung

Der Unterrichtsbaustein zur motivationalen Selbstregulation beginnt mit einer Einheit zur realistischen Zielsetzung. Realistisch ist ein Ziel, das dem individuellen Leistungsvermögen entspricht. Es hat eine mittlere Schwierigkeit – ist also weder zu leicht noch zu schwer, so dass ein Erfolg zwar möglich, aber nicht völlig sicher ist. Das Erreichen eines zu leichten Ziels ist nur ein kleiner Erfolg, der wenig oder gar keine Freude bereitet. Das Setzen zu anspruchsvoller Ziele hingegen führt häufig zu Misserfolgen. Erreicht man hingegen sein individuelles realistisches Ziel, so kann man den Erfolg auf eigene Anstrengung zurückführen und mit Recht darauf stolz sein.
Inhalt der Einheit ist die Vermittlung dieses Zusammenhangs. Wer erfolgreich ist, hat sein Ziel erreicht oder übertroffen. Wichtig ist die Orientierung an einer individuellen Bezugsnorm: Die Schülerinnen und Schüler sollen sich je eigene, realistische Ziele setzen und ihre Leistung in Relation zu diesen – und nicht im Vergleich mit den Leistungen anderer – beurteilen. Übertragen auf den Unterricht im Allgemeinen ist es aus motivationaler Sicht sinnvoll, jede individuelle Verbesserung als Erfolg zu verbuchen, auch wenn diese Leistung immer noch unter dem Klassendurchschnitt liegt.

Tafelbild

zu leichtes Ziel	realistisches Ziel		zu schweres Ziel
↓	↙	↘	↓
kleiner Erfolg ☺	großer Erfolg ☺☺☺	Misserfolg 😐	Misserfolg 😐

Anregungen für das Unterrichtsgespräch

Ein zu leichtes Ziel

- Jemand ist Radprofi, will ein Rennen fahren und nimmt sich vor, gegen z.B. mich zu gewinnen. Glaubt ihr, er gewinnt? Wäre das ein Erfolg? *Ja, aber kein großer.*
- Meint ihr, er wird sich darüber freuen und richtig mit sich zufrieden sein? *Er wird sich schon freuen, aber so richtig zufrieden wird er nicht sein, er hat sich ein zu leichtes Ziel gesetzt.*
- *Er wird sagen, das nächste Mal trete ich gegen jemanden an, der so schnell wie ich fährt.*

Ein zu schweres Ziel

- Er nimmt sich vor, die nächsten 50 Rennen mit den besten Radprofis zu gewinnen, gewinnt drei, wird beim vierten Dritter, beim nächsten regnet es und er wird sogar nur Siebter.
- Er hat also einen Misserfolg. Woran liegt das? *Er hat sich ein zu schweres Ziel gesetzt.*
- Wird er darüber sehr unglücklich sein? *Kann sein, weil er einen Misserfolg hatte.*
- *Oder er sich sagt: Das war ein viel zu schweres Ziel, das war unrealistisch. Das nächste Mal nehme ich mir ein realistisches Ziel vor, z.B. die nächsten drei Rennen zu gewinnen.*

Ein realistisches Ziel mit Erfolg

- Er gewinnt bei der Tour de France eine Sprintetappe, wäre das ein Erfolg? *Ja.*
- Warum? – *Es wäre ein realistisches, mittelschweres Ziel: nicht zu schwer, nicht zu leicht.*
- Wird er sich darüber freuen? *Ja, bestimmt. Weil es nicht sicher war, dass er gewinnt.*

Ein realistisches Ziel mit Misserfolg

- Stellt euch vor, er fährt die Tour de France und wird nur Zehnter. – Das wäre ein Misserfolg.
- Woran kann es liegen, dass er nicht gewonnen hat ? *Er hat sich vielleicht nicht genug angestrengt.*
- Wäre er unzufrieden? – *Bestimmt ein bisschen, aber vielleicht sagt er sich: Diesmal hat es nicht geklappt, aber das ist nicht so schlimm, das nächste Mal strenge ich mich mehr an.*

Ziele	Kurze Einführung ins Training Realistische Zielsetzung Beurteilen von Erfolg und Misserfolg
Material	evtl. Tafelbild Spielanleitung S. 6
Einführung	**Kurze Wiederholung der Parallele Detektive – Textdetektive** Überleitung zum Motivationsthema Manche Kriminalfälle sind sehr leicht, andere sehr schwer aufzuklären. Je nachdem muss sich ein Detektiv mehr oder weniger anstrengen.
Erarbeitung	**Gemeinsames Erarbeiten, wo Anstrengungen erforderlich sind** Ihr kennt sicher Situationen, in denen ihr euch anstrengen müsst, in denen ihr unbedingt etwas erreichen wollt, in denen ihr übt um besser zu werden. **Gemeinsame Erarbeitung eines realistischen Ziels** Anhand eines Beispiels; gleichzeitig Entwickeln des Tafelbildes Ich nehme ein Beispiel aus dem Sport. Kennt ihr einen guten Radrennfahrer? Wer ist das? Was kann er gut? Stellt euch vor, ... z.B. Jan Ullrich fährt heute ein Rennen: ... auf ein zu leichtes Ziel hinleiten ... auf ein zu schweres Ziel hinleiten ... auf ein realistisches Ziel mit Erfolg hinleiten ... auf ein realistisches Ziel mit Misserfolg hinleiten **Zusammenfassung** Man kann Erfolg haben: • Weil man sich ein zu leichtes Ziel vorgenommen hat: Dann ist es nur ein kleiner Erfolg, darüber freut man sich nur wenig. • Weil man sich ein realistisches Ziel vorgenommen und sich angestrengt hat: Dann ist es ein richtiger Erfolg. Darüber freut man sich sehr und ist sehr zufrieden mit sich. Wichtig ist, dass jeder ein eigenes realistisches Ziel hat. Ihr vergleicht euch also nicht mit den Leistungen der anderen, sondern mit euren eigenen Leistungen. Es gibt auch unterschiedliche Möglichkeiten, warum man Misserfolg hat: Weil man sich ein zu schweres Ziel vorgenommen hatte. Weil man sich ein realistisches Ziel vorgenommen, aber nicht genug angestrengt hat.
Wichtige Hinweise	Das Ringwurfspiel sollte innerhalb einer Doppelstunde erfolgen. Sie können die Erarbeitung auch an einem anderen Beispiel Ihrer Wahl durchführen. Beispiele aus dem Sport eignen sich gut, weil Zielsetzungen / Erfolg und Misserfolg leicht abgeleitet werden können. Der Vergleich mit den Leistungen anderer drängt sich jedoch auf (Wettkampf); hier vor allem noch einmal auf den individuellen Maßstab hinweisen. Möglichkeiten für Transfer: Herstellen von Bezügen zu leistungsthematischen Situationen in Schule oder Alltag.

Bemerkungen für die Unterrichtenden – zum Ringwurfspiel

Mit dem Ringwurfspiel soll geübt werden, sich Ziele zu setzen, die dem individuellen Leistungsvermögen entsprechen. Aufgabe ist es, die Flasche mit einem Ring zu treffen. Es gibt mehrere Durchgänge. Vor jedem Durchgang soll überlegt werden: Aus welcher Entfernung möchte ich die Flasche treffen (Ziel)? Das Ergebnis soll mit dem gesetzten Ziel verglichen werden, der Abstand für den nächsten Wurf soll als Konsequenz aus diesem Vergleich neu festgesetzt werden.
Während der Durchgänge soll die eigene, vorangegangene Wurfleistung der Maßstab sein, nicht die Leistung anderer. Wichtig ist zu vermitteln, dass eine hohe Punktzahl am ehesten erreicht wird, wenn ein Ziel mit (individueller!) mittlerer Aufgabenschwierigkeit gewählt und entsprechend Anstrengung investiert wird. Ein Erfolg ist dann zu verzeichnen, wenn das eigene, selbst gewählte Ziel erreicht wurde. Je schwerer das Ziel war, das erreicht wurde, desto größer ist auch der Erfolg. Wichtig ist hier, dass sich die Schülerinnen und Schüler nicht selbst überschätzen, indem sie Ziele wählen, die sie nicht erreichen können.

Vorbereitung zum Ringwurfspiel

- Die vier Ringwurfspiele im Raum verteilt aufbauen.
- Kreppklebeband auf den Boden aufkleben, den ersten 50 cm von der Flasche entfernt, danach im Abstand von 20 cm, ca. 10 Streifen
- Streifen von der Flasche weg mit den Punktzahlen 1 bis 10 beschriften.
- Flaschen und Ringe bis zum Spielbeginn versteckt halten.

Hinweis
Es hat sich bewährt, das Ringwurfspiel außerhalb des Klassenzimmers in einem leeren Raum schon aufzubauen; Die Erarbeitungsphase kann dann im Klassenzimmer durchgeführt werden, für das Ringwurfspiel wird der Raum gewechselt.

Arbeitsblatt S. 6

Detektive suchen sich am liebsten mittelschwere Fälle aus. Die können sie lösen, wenn sie sich anstrengen. Wenn sie einen Fall aufgeklärt haben, freuen sie sich und denken darüber nach, warum sie einen Erfolg hatten. Bei einem Misserfolg ärgern sie sich nicht. Stattdessen überlegen sie, woran es lag und wie sie beim nächsten Fall besser vorgehen können. Das Ringwurfspiel hilft dir herauszufinden, was für dich ein mittelschweres Ziel ist und welche Gründe es für Erfolge und Misserfolge geben kann.

Spielanleitung
Du sollst mit den Ringen auf die Flasche zielen und möglichst viele Punkte erreichen. Punkte gibt es nur bei einem Treffer. Je weiter du bei einem Treffer von der Flasche entfernt stehst, umso mehr Punkte erhältst du. Je näher du an der Flasche stehst, desto wahrscheinlicher wird ein Treffer. Finde die für dich richtige, mittelschwere Entfernung heraus. Damit ist ein Abstand gemeint, von dem aus du das Ziel gerade noch triffst, wenn du dich anstrengst.
...

Ziele	Vorführen des Ringwurfspiels Übungsphase
Material	Ringwurfspiel 4 x 1,5 l – Weinflaschen, gefüllt mit Sand 12 Ringe Kreppklebeband, Filzschreiber Zollstock oder Zentimetermaß Arbeitsblätter: „Ziele setzen", S. 6-8 🕮
Einführung	**Erläuterung der Spielanleitung** Wir wollen herausfinden, wie ihr euer mittelschweres Ziel finden könnt. Das probieren wir mit dem Ringwurfspiel. Wenn ihr eure Erfolge und Misserfolge richtig bewertet, wird euch das helfen. Also: Bei einem Erfolg sollt ihr euch freuen; bei einem Misserfolg nicht ärgern, sondern überlegen, woran es lag und es beim nächsten Wurf besser machen. **Demonstration des Spiels** Mit Schwerpunkt auf realistischer Zielsetzung Um die Überlegungen deutlich zu machen, wird die Methode des „lauten Denkens" verwendet: Ich werde dabei immer laut sprechen, damit ihr hören könnt, was ich denke. Passt gut auf, denn hinterher sollt ihr das genauso nachmachen, ihr sollt auch immer laut aussprechen, was ihr denkt. *Fortsetzung Seite 17*

Mögliches Vorgehen bei der Demonstration des Ringwurfspiels

Zu weiten Abstand gewählt

- Was ist mein Ziel, von welcher Entfernung will ich treffen?
- Wenn ich zu weit gehe, ist das zu schwer für mich.
- Aber wenn ich zu nah dran gehe, dann bekomme ich weniger Punkte, als ich schaffen könnte.
- Ich stelle mich mal bei der 6 hin.
- Ich konzentriere mich ... und werfe.
- Oh, leider vorbei. Da habe ich mein Ziel zu hoch gesetzt, ich war zu weit weg.

Abstand zu dicht gewählt

- Eben war das zu weit weg, jetzt probiere ich es mal von der 3 aus.
- So, konzentrieren und werfen ...
- Oh, ich habe es geschafft, wie schön.
- Ich glaube, das Ziel war für mich zu leicht, das habe ich gut geschafft, aber vielleicht bekomme ich doch noch mehr Punkte.

Angemessenen, mittelschweren Abstand gewählt

- Mal sehen, die 3 habe ich ganz leicht geschafft, die 6 war zu schwer.
- Dann probiere ich jetzt mal die 5 aus.
- Wenn ich mich ein bisschen anstrenge, dann klappt das schon.
- Konzentrieren und werfen.
- Oh, wie schön, ich habe es auch von der 5 geschafft.
- Ich glaube, die 5 ist genau das richtige Ziel für mich.
- Von der 5 aus ist es weder zu schwer noch zu leicht für mich, ist genau richtig.

Arbeitsblatt S. 6-8

1. Durchgang: Kreuze an, was für dich zutrifft:

	1. Wurf	2. Wurf	3. Wurf	4. Wurf
Was ist mein Ziel? Aus welcher Entfernung will ich treffen?				
Ich hatte einen Erfolg, weil das Ziel zu leicht war.	○	○	○	○
Ich hatte einen Erfolg, weil das Ziel genau richtig war und ich mich angestrengt habe.	○	○	○	○
Ich hatte einen Misserfolg, weil das Ziel zu schwer war.	○	○	○	○
Ich hatte einen Misserfolg. Das Ziel war richtig, aber ich habe mich nicht genug angestrengt.	○	○	○	○
Wie viele Punkte erhalte ich?				

Meine Punktzahl beträgt in diesem Durchgang insgesamt
Die für mich richtige mittelschwere Entfernung liegt bei

Fortsetzung

Einführung

Zu weiten Abstand wählen: Misserfolg
Sachlich bleiben: Das war wohl nicht realistisch

Zu leichten Abstand wählen: Erfolg, aber kein großer
Das war für mich auf jeden Fall zu schaffen - ein wenig freuen

Realistischen, mittelschweren Abstand wählen: Erfolg
Stolz sein, freuen

Fazit: Das mittelschwere Ziel ist gefunden
Ich habe ein Ziel gefunden, das für mich nicht zu schwer, aber auch nicht zu leicht ist.
Vielleicht habt ihr gemerkt, dass auch der Misserfolg mir geholfen hat mein realistisches Ziel zu finden. Ich brauche mich darüber also gar nicht zu ärgern, ich kann daraus lernen und versuche ein weniger schweres Ziel zu erreichen.

Üben

Restliche Flaschen und Ringe herausgeben
Die Klasse soll sich gleichmäßig auf die vorhandenen Spiele verteilen

Jeder ist der Reihe nach dran. Jeder soll sein ‚richtiges' Ziel finden, das für ihn weder zu leicht noch zu schwer ist. Das kann bei jedem anders sein, bei jedem steht nur die eigene Leistung im Mittelpunkt. Wenn man die für sich mittelschwere Entfernung gefunden hat, bekommt man auch die meisten Punkte. Von welcher Entfernung die anderen treffen, ist egal, es soll darum gehen, dass ihr für euch herausfindet, was ein gutes Ziel für euch ist.

Durchführung des Ringwurfspiels
Bei der Durchführung des Ringwurfspiels sollen die Ergebnisse in das Arbeitsblatt „Ziele setzen" eingetragen werden.
Jeder führt bis zu drei Serien von jeweils vier Würfen aus. Dabei ist es die Aufgabe, möglichst viele Punkte zu erreichen.
Alle sollen nacheinander werfen und allmählich ihr realistisches Ziel finden. Probiert verschieden schwere Ziele aus, nicht immer nur ein ganz schweres oder eines, das ihr leicht schafft.
...

Nach Gründen für Zielsetzungen fragen
Die Klasse beim Fragen miteinbeziehen, von Gruppe zu Gruppe gehen, teilweise eingreifen und anregen, den Abstand nach mehreren Fehlversuchen zu verringern bzw. nach mehrmaligen Treffern zu erhöhen. Bei unangemessenen Änderungen in der Abstandswahl nach den Gründen fragen.

Wichtige Hinweise

Bei der Demonstration des Ringwurfspieles soll deutlich werden, dass auch Misserfolge helfen, ein realistisches Ziel zu finden, da man sich an ihnen orientieren kann.

Das Ringwurfspiel sollte von der Klasse als Übung angesehen und entsprechend ernst genommen werden. Dabei kann und soll das Spielen natürlich auch Spaß machen.

Arbeitsblatt S. 9

Gründe für Erfolg und Misserfolg		
Hatte ich einen Erfolg oder einen Misserfolg?	Ich hatte einen Erfolg und habe mein Ziel erreicht.	Ich hatte einen Misserfolg und habe mein Ziel nicht erreicht.

Welche Gründe gab es dafür?	Das Ziel war zu leicht.	Das Ziel war genau richtig und...	Das Ziel war genau richtig, aber ...	Das Ziel war zu schwer.

...ich hatte Glück. ☺	...ich hatte Pech. ☺
...ich war gut. ☺☺	...ich bin nicht gut genug. Ich kann das nicht. ☹ ☹
...ich habe mich angestrengt. ☺☺☺	...ich habe mich zu wenig angestrengt. ☺

Vorschläge für das Unterrichtsgespräch

Gründe sammeln, warum man nach einem Erfolg zufrieden sein kann.
Hier haben wir unterschiedliche Erfolge, über welchen freut ihr euch am meisten?

Wie zufrieden bin ich, wenn ich ein Ziel erreiche, weil ich Glück habe? Vielleicht ein bisschen.
→ 1 Smiley zeichnen
Wenn ich ein Ziel erreiche, weil ich etwas gut kann? Dann freue ich mich sehr.
→ 2 Smileys zeichnen
Wenn ich ein Ziel erreiche, weil ich mich angestrengt habe?
Dann werde ich mich am meisten freuen. → 3 Smileys zeichnen

Überlegen, aus welchen Gründen man trotz Misserfolg motiviert ist etwas zu ändern.
Wenn das Ziel zu schwer war, was könnte ich das nächste Mal machen?
Ein leichteres Ziel wählen. → Smiley mit Lächeln zeichnen

Wenn das Ziel richtig war, ich aber Pech hatte, was könnte ich das nächste Mal machen?
Das gleiche Ziel noch mal ausprobieren. → Smiley mit Lächeln zeichnen

Wenn ich denke, das Ziel war richtig, aber ich bin nicht gut genug, was werde ich dann beim nächsten Mal machen? Ich werde denken, das klappt sowieso nicht. Es kann aber sein, dass man sich ein zu hohes Ziel gesetzt hat oder sich nicht genug angestrengt hat. Man kann also immer etwas anders machen. Zu glauben, dass man eine Sache nicht kann, ist keine gute Konsequenz. Das führt dazu, dass man traurig und unzufrieden mit sich ist.
→ Smiley mit herabgezogenen Mundwinkeln zeichnen

Wenn das Ziel richtig war und ich mich nicht angestrengt habe, dann werde ich mich in Zukunft mehr anstrengen. → Smiley mit Lächeln zeichnen

Also: Misserfolge entstehen meistens dadurch, dass man sich ein zu hohes Ziel setzt oder sich nicht anstrengt. Aber das kann man ändern. Jeder kann einen Erfolg haben.
Wenn man aber denkt, dass man zu schlecht für eine Aufgabe ist oder zu dumm, wird man es nie wieder ausprobieren.

Wieder-holung	**Inhalt des Ringwurfspiels** Worum ging es beim Ringwurfspiel? Es ging darum, wie wir uns ein realistisches Ziel setzen. Wir haben es mit unterschiedlich schwierigen Zielen – von näher dran und von weiter weg – ausprobiert. Erfolge und Misserfolge haben wir als Hinweise genutzt. Was kann man nach einem Misserfolg machen? Man kann sich überlegen, was man ändern sollte: ob man sich ein leichteres Ziel setzt oder ob man das Ziel beibehält und man sich nur mehr anstrengen muss. Aus Misserfolgen kann man also lernen.
Wichtige Hinweise	Wichtig ist, dass letztendlich realistische Ziele mit einer mittleren Aufgabenschwierigkeit gewählt werden. Erfolge und Misserfolge sollen als Hinweise verstanden werden, ein realistisches Ziel zu finden.

Ziele	Ursachen für Erfolg und Misserfolg sammeln Bei welchen Ursachen für Erfolg ist man am meisten mit sich zufrieden? Bei welchen Ursachen für Misserfolg ist man am ehesten motiviert, neu an die Aufgabe heranzugehen?
Material	Arbeitsblatt: „Gründe für Erfolg und Misserfolg", S. 9
Erarbeitung	**Ursachen für Erfolg / Misserfolg sammeln, das Arbeitsblatt ausfüllen** Ihr wisst sicher, dass Sportler nach einem Wettkampf immer eine Besprechung mit ihrem Trainer haben. Sie sprechen über die Ursachen von Erfolg und Misserfolg. Das tun wir nun auch: Ein paar Ursachen haben wir bereits aufgeführt. Erinnert euch an eure letzte Klassenarbeit oder an eure letzte Sportstunde – woran kann es liegen, ob etwas gelingt oder nicht? **Gründe sammeln, warum man nach einem Erfolg zufrieden sein kann** Wann freut ihr euch am meisten über einen Erfolg? **Überlegen, aus welchen Gründen man trotz eines Misserfolgs motiviert ist, etwas zu ändern** Wenn ich einen Misserfolg hatte, was wird mich am ehesten dazu bringen, beim nächsten Durchgang etwas anders zu machen? **„Günstige" Ursachenzuschreibungen mit Smileys versehen**
Wichtige Hinweise	Nach dem Ringwurfspiel werden die Gründe für Erfolg und Misserfolg besprochen. Im Buchstabenspiel sollen die Selbsteinschätzung der Gründe sowie die daraus folgende neue Zielsetzung geübt werden.

Arbeitsblätter S. 10-14

Wer erfolgreich als Detektiv arbeiten will, muss sein Beweismaterial genau untersuchen. Auch hier muss sich ein Detektiv gut einschätzen, um erfolgreich zu sein. Im Buchstabenspiel kannst du prüfen, wie gut du dich selbst schon einschätzen kannst. Du siehst zwölf Zeilen mit Buchstaben, die du lesen sollst. Dabei sollst du immer bestimmte Buchstaben durchstreichen. Außerdem sind in manchen Zeilen Wörter versteckt, die du finden und einkreisen sollst. Dabei gelten nur Wörter mit mehr als zwei Buchstaben und in deutscher Sprache.

Beispiel:

In den nächsten beiden Zeilen sollst du folgende Buchstaben durchstreichen:
- den Konsonanten **m**
- den Vokal **a**

Die Zeilen sehen dann so aus:

j e k s t l p e a q e r l n m w z a q y p c x n m b b u r e o p
f j i l m g l ö w e f r h m k i o a c g i l ö p h z w f h z n k m

Arbeite sorgfältig und gehe die Zeilen nacheinander durch. Gleichzeitig musst du so schnell wie möglich arbeiten, weil du nur 2 Minuten Zeit hast.

Vor jeder Runde sollst du angeben, wie viele Zeilen du fehlerfrei schaffen willst. Für jede Zeile gibt es einen Punkt. Dabei ist es wichtig, dass du dich möglichst richtig einschätzt – denn wenn du weniger schaffst als geplant, bekommst du gar keine Punkte. Wenn du aber genauso viele oder mehr Zeilen fehlerfrei bearbeitest, als du vorher angenommen hast, bekommst du so viele Punkte wie geplant, aber nicht mehr! Unterstreiche anschließend immer den zutreffenden Grund für deine Leistung.

1. Durchgang

Im 1. Durchgang sollst du folgende Buchstaben durchstreichen:
- den Konsonanten **j**
- den Vokal **e**

Vergiss nicht, die versteckten Wörter zu suchen und einzukreisen!

Du darfst erst umblättern, wenn du das Zeichen **START** bekommst und sollst dann die Zeilen so schnell wie möglich bearbeiten. Du darfst so lange daran arbeiten, bis das Zeichen **STOP** gegeben wird.

Diesmal will ich ☐ Zeilen fehlerfrei schaffen. **START!**

	1. Durchgang: j und e durchstreichen!	**Fehler**
1	i j u h z t g l o ö ä ü j k u z t r e w f t o m a t e m z	
2	k j u i g z i r b l u m e m k l p ö m h n j r r w q a x w	
3	ö i m n z i o l p t e w q x s a l y ä z f t h v d r k j f	
4	l k o ö u e a d w x v g u j z r g n j k k o l ö ü j u p w	
5	l j ä m u p ä h t r k l h d s y a f r h a s e p l ö u i z q	
6	a s q u k o m v o b s t y v g h n j k o l z h r s e d b	
7	ö ä l k o j d q a y c v f r d g h p j t e m v j o l p j t	
8	r e n n e n b y i l h g k l m n o ö p i u k j t f r d k s	
9	ö k j ü u g b g r e d x f h t g n j o k l u t r d s q a o	
10	o k j z g r d v g b i j h m k k l t e w s y x c f b j p l g	
11	ü l p m b y c e l e f a n t g q y x ü ö i o f g h j b t	
12	e w w q g f j h i k n h u k l ä g f r d e ä x y c v b g j	

Wie viele Zeilen habe ich diesmal fehlerfrei geschafft? ☐
Wie viele Zeilen wollte ich schaffen? ☐
Wie viele Punkte bekomme ich ? ☐

Hatte ich einen Erfolg oder einen Misserfolg?	Ich hatte einen Erfolg und habe mein Ziel erreicht.		Ich hatte einen Misserfolg und habe mein Ziel nicht erreicht.	
Welche Gründe gab es dafür?	Das Ziel war zu leicht.	Das Ziel war genau richtig und...	Das Ziel war genau richtig, aber ...	Das Ziel war zu schwer.
Kreise ein, was zutrifft!	... ich hatte Glück! ... ich war gut! ... ich habe mich angestrengt!		... ich hatte Pech! ... ich bin nicht gut genug, ich kann das nicht! ... ich habe mich zu wenig angestrengt!	

Zum Buchstabenspiel

Aufgabe ist es, alle Wörter zu finden, die mindestens drei Buchstaben haben. Es zählen nur deutsche Wörter, die waagerecht in einer Zeile stehen.

Ungültig sind:
- Rückwärts gelesene Wörter
- Wörter, die über mehrere Zeilen verlaufen
- Wörter mit weniger als drei Buchstaben
- Wörter einer anderen Sprache
- Abkürzungen

Ziele	Festigen und Erproben der bisherigen Inhalte an einem neuen Spiel
Material	Arbeitsblätter „Das Buchstabenspiel", S. 10-14 📖 Folienvorlagen zum Buchstabenspiel, im Anhang S. 80-82
Einführung	**Buchstabenspiel** Heute spielen wir ein neues Spiel. Dabei werden wir anwenden, was wir zuvor erarbeitet haben. Also: Versucht euch möglichst gut einzuschätzen um möglichst erfolgreich zu sein. Nehmt euch nicht zu viel vor, aber schaut auch darauf, dass ihr euch ein Ziel setzt, das euch fordert.
Erklären	**Spielanleitung, S. 10 📖, gemeinsam lesen** Tragt bitte unten auf der Seite ein, wie viele der 12 Zeilen ihr in 2 Minuten fehlerfrei schaffen wollt. Auf START blättert die Seite um und fangt sofort an, die Zeilen zu bearbeiten, bis ich STOP sage. *START* *(2 Min.)* *STOP*
Üben	**Ersten Durchgang des Buchstabenspiels mit Folie lösen** Gebt das Blatt eurem Nachbarn. Er schaut nach, wie viele Zeilen ihr geschafft habt und wie viele Punkte ihr bekommt. **Gründe für einen Erfolg bzw. Misserfolg überlegen** Auf dem Arbeitsblatt einkreisen: Jetzt überlegt, ob ihr einen Erfolg oder einen Misserfolg hattet und welche Gründe es dafür gab. Was könnt ihr das nächste Mal besser machen? Denkt daran, es ist immer wichtig, sich ein persönliches, mittelschweres Ziel zu setzen. **Zweiten Durchgang des Buchstabenspiels ebenso durchführen** **Dritten Durchgang des Buchstabenspiels ebenso durchführen**
Wichtige Hinweise	Wichtig ist, dass nicht vor dem Startsignal umgeblättert wird. Zur Korrektur können die Hefte ausgetauscht und gegenseitig korrigiert werden. Die Schülerinnen und Schüler sollen im Buchstabenspiel ihr realistisches Ziel finden. Anschließend stellen sie sich die Frage, ob sie einen Erfolg oder Misserfolg hatten, überlegen, welche Gründe es dafür gab und folgern daraus, was sie beim nächsten Mal anders machen können.

Bemerkungen für die Unterrichtenden – Schaubild zur Motivation

Das Schaubild stellt die Zusammenfassung des Bausteins ‚Motivation' dar. Es soll am Ende der Lerneinheit mit der Klasse als Wandbild erarbeitet werden.

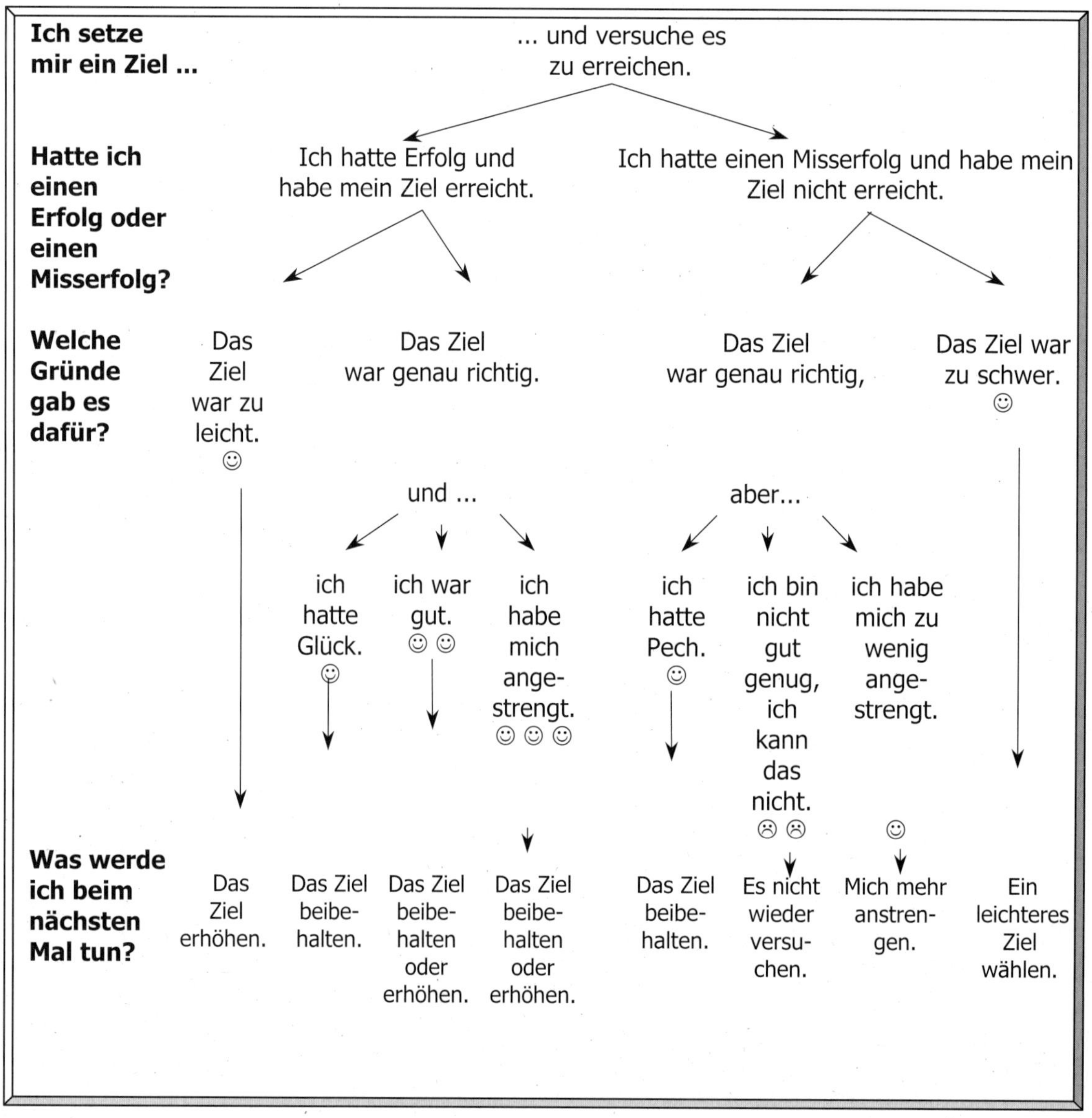

Ziele	Zusammenfassung des Motivationstrainings Auffrischen der Inhalte der letzten Stunde Festigung von günstigen Bewertungen bei Erfolg und Misserfolg und erneuter Zielsetzung
Material	Vorlage Wandbild Flip-Chart-Papier Marker Klebeband
Erarbeitung	**Gemeinsam das Wandbild erarbeiten** Heute wollen wir wiederholen, was wir in den letzten Stunden gelernt haben und alles auf einem Wandbild zusammenfassen.
Wichtige Hinweise	Das Wandbild sollte nach der Erarbeitung in der Klasse aufgehängt werden und bis zum Ende des Trainings im Klassenzimmer verfügbar bleiben.

Bemerkungen für die Unterrichtenden – zum Thema Verstehen

Die sieben Detektivmethoden können in zwei Gruppen unterteilt werden:

Verstehensmethoden *üben das inhaltliche Verständnis von Texten. Durch die Lesestrategie „Überschrift beachten" werden mögliche Inhalte des nachfolgenden Textes antizipiert; die Lesestrategie ‚Bildlich vorstellen' hilft, die Textinhalte vor dem inneren Auge wie in einem Film ablaufen zu lassen oder wie ein Bild auszumalen. Beide Methoden aktivieren das bereichsbezogene Vorwissen. Die aus dem Text entnommenen Informationen können so in das bereits vorhandene Wissen integriert und dadurch leichter verstanden werden. Die beiden metakognitiven Strategien unterstützen das Verstehen, indem einzelne Textabschnitte miteinander verglichen werden um zu prüfen, ob die entnommenen Informationen zusammenpassen und ob sie inhaltlich verstanden wurden.*

Behaltensmethoden *helfen dabei, sich einen Text besser merken zu können. Durch das Unterstreichen werden wichtige Informationen ausgewählt und unwichtige weggelassen. Zusammenfassungen dienen dazu, den Text auf wesentliche Aussagen zu reduzieren. Durch den Einsatz der metakognitiven Strategie ‚Behalten überprüfen' wird kontrolliert, ob das Gelesene auch sicher behalten wurde.*

Lesestrategien

Verstehensmethoden

Lesestrategien
– Überschrift beachten
– Bildlich vorstellen

Metakognitive Strategien
– Umgang mit Textschwierigkeiten
– Verstehen überprüfen

Behaltensmethoden

Lesestrategien
– Wichtiges unterstreichen
– Wichtiges zusammenfassen

Metakognitive Strategien
– Behalten überprüfen

Wichtig *ist die Unterscheidung zwischen Verstehen und Behalten:*
‚Verstehen' beinhaltet das Anreichern des Textes durch Aktivierung des Vorwissens.
‚Behalten' bedeutet hingegen, dass der Text vor dem Einprägen neu organisiert, strukturiert und dadurch reduziert wird.

Beispiel

Frau Meyer erzählt beim Verhör:
„Also, ich habe ein Alibi, ich war am Abend des Mordes mit einem Herrn beim Griechen."

Herr Kaiser lässt folgende Bemerkung fallen:
„Ich bin mit einer alten Freundin von 19 bis 21 Uhr griechisch Essen gegangen."

Welche Schlussfolgerung könnte ein Detektiv aus den Aussagen ziehen?

Obwohl weder Frau Meyer noch Herr Kaiser den Namen des anderen genannt haben, zieht ein Detektiv die Schlussfolgerung, dass wohl die beiden zusammen zum Essen gegangen sind.

Wiederholung	Inhaltlicher Einstieg durch gemeinsames Erinnern, Auffrischen, Erarbeiten
Erarbeitung	**Gemeinsames Erarbeiten** Warum lohnt es sich, Textdetektiv zu werden? Lohnt sich das nur in der Schule? Wo lest ihr noch Texte? Was müssen Textdetektive alles können?
Wichtige Hinweise	Auf die große Bedeutung von Texten auch außerhalb der Schule (Internet, Zeitungen, Zeitschriften, Bedienungsanleitungen, Bücher...) hinweisen.

Ziele	Wichtige Begriffsklärung: Erarbeiten des Themas „Verstehen" Einführung in die Verstehensmethoden
Erarbeitung	**Die Parallele Detektive / Textdetektive** Wie geht ein *Detektiv* vor, um einen Fall zu lösen, um zu verstehen wie sich alles zugetragen hat? Er befragt Personen und versucht, einen Zusammenhang herzustellen ... **Detektivbeispiel gemeinsam erarbeiten** **Zusammenfassung** Als *Textdetektive* gehen wir genauso vor: Wir lesen den Text sorgfältig und versuchen währenddessen, nicht nur die einzelnen Wörter, sondern den Gesamtzusammenhang zu verstehen, indem wir Schlussfolgerungen ziehen.
Überleitung zur DM 1: Überschrift beachten	Bei schwierigen Texten reicht es nicht aus, nur zu lesen ... Hier wendet man unterschiedliche Methoden, Strategien, Herangehensweisen an. Das hilft, den Inhalt besser zu begreifen. Um diese Methoden soll es in den nächsten Stunden gehen. Wir werden insgesamt vier Methoden kennen lernen, die das Verstehen von Texten erleichtern.
Weitere Anregungen	Damit der abstrakte Begriff ‚Verstehen' deutlicher wird, können Sie als Beispiel das Auswendiglernen eines Gedichtes heranziehen: Man kann etwas auswendig lernen, auch ohne den Sinn des Inhaltes und des Gesamtzusammenhanges verstanden zu haben.

Bemerkungen für die Unterrichtenden - zur Detektivmethode 1

Die DM 1 gehört zur Gruppe der Verstehensstrategien. Sie kommt beim Lesen von Überschriften / Titeln zum Einsatz. Im Alltag wenden wir diese Strategie häufig automatisch an. Die Thematisierung dieser Strategie im Unterricht soll dazu veranlassen, sie bewusst und gezielt einzusetzen. Aufgabe der Schülerinnen und Schüler ist es, sich anhand der Informationen aus der Überschrift zu überlegen, worum es in dem Text geht. Während und nach dem Lesen sollen die Vermutungen auf ihre Richtigkeit hin überprüft werden. Ziel der DM 1 ist es, das bereichsbezogene Vorwissen zu aktivieren. Die Methode erleichtert so das Verstehen und ermöglicht eine tiefere Durchdringung der Textinhalte.

***Wichtig** ist die Unterscheidung zwischen Sachtexten und narrativen Texten, aus der sich unterschiedliche Fragestellungen ergeben.*
Bei Sachtexten soll man sich die Frage stellen: Was weiß ich schon über das Thema?
Bei narrativen Texten soll man sich überlegen: Wovon könnte die Geschichte handeln?

Beispiele

Überschrift: „Die Macht der Winzigkeit"
Wenn jemand sehr klein ist, hat er meistens keine Macht, so haben Kinder z.B. kaum Macht über Erwachsene.
Hier in der Geschichte muss das anders sein, etwas sehr Kleines muss sehr viel Macht haben, muss mächtiger als etwas Größeres sein. Kennt ihr irgendeine Situation, in der jemand Kleines viel mächtiger als jemand Größeres gewesen ist?

Weitere Überschriften zum Üben
Der Piranha; Die Wüste lebt; Die Steinzeit; Die Jagd nach dem grünen Diamanten; Das Leben der Indianer; Die Nachtwanderung; Ein schreckliches Erlebnis; Als ich zum ersten Mal kochte; Der Hund – dein Freund und Helfer. ..

Allgemeines zum Merkblatt S. 15

Zur Festigung soll das Wissen über die jeweilige DM in Form eines Merkblattes fixiert werden. Die Methoden können dort zur Erinnerung nachgelesen und nachvollzogen werden.
Das ausgefüllte Merkblatt dient als Erarbeitungsvorschlag. Die Schüler und Schülerinnen finden jedoch auch eigene Formulierungen, die übernommen werden können. Alternativ können Sie mit der Klasse selbst formulierte Regeln zur DM 1 erarbeiten, die Sie auf einem Poster festhalten und im Klassenraum aufhängen.

Ausgefüllte Merkblätter stehen als Folienvorlagen im Anhang, S. 83-89, zur Verfügung.

Arbeitsblatt S. 16

Was fällt mir zu der Überschrift ein?

1. Im Schwimmbad

____

2. Der Wasserkreislauf

____

3. Das Mammut

____

Ziele	Gemeinsames Erarbeiten und Üben der DM 1
Material	Kärtchen: „Detektivmethode 1" Merkblatt: „Detektivmethode 1", S. 15 Je nach Umsetzung des Merkblattes: Folienvorlage, im Anhang S. 83
Erarbeitung	**Kärtchen „Detektivmethode 1" ansehen** Erarbeiten, was auf der Karte abgebildet ist. **Erklärung** Zuerst lesen wir immer die Überschrift: Wir stoppen, lesen nicht weiter und überlegen, wovon der Text handeln könnte. Oft wendet ihr die Methode automatisch an, z.B. wenn ihr ein Buch kaufen wollt und beim Titel überlegt, was darin steht. Bei schwierigen Texten ist es besonders wichtig, die Methode bewusst einzusetzen. Denn damit regen wir unser Nachdenken an. Das hilft uns, beim Lesen mehr von dem Text zu verstehen, weil wir besser vorbereitet sind. • Bei *Sachtexten* ist es sinnvoll sich zu überlegen, was man über das Thema schon weiß. Wir stellen uns die Frage: Was weiß ich schon darüber? • Bei *Geschichten* fragen wir uns: Wovon könnte die Geschichte handeln?
Üben	**Gedanken zu Beispielüberschriften sammeln** Vorschläge zur Umsetzung: Überschriften an die Tafel schreiben, DM 1 anwenden lassen. Schriftlich in Stillarbeit bearbeiten lassen. Schüler denken sich eigene Überschriften aus, die Klasse überlegt, was für ein Text sich dahinter verbergen könnte. **Besprechen der Überschriften** Darauf hinweisen, dass Überschriften verschieden gut zur Vorbereitung auf einen Text geeignet sind, weil sie unterschiedliche Informationen beinhalten: Zu manchen Überschriften ist euch sehr viel eingefallen, zu anderen weniger. Woran könnte das liegen?
Festigung	**Merkblatt „Detektivmethode 1" gemeinsam ausfüllen**
Wichtige Hinweise	Bei der Besprechung der Überschriften darauf achten, dass Abschweifungen vermieden werden; es soll nur erzählt werden, was man sich auf Grund der Überschrift denken kann.
Weitere Anregungen	Die Kärtchen können vergrößert im Klassenraum aufgehängt und im Laufe des Trainings zu einer Übersicht über alle Methoden zusammengesetzt werden.

Hausaufgabe	Üben der DM 1
Material	Arbeitsblatt: „Was fällt mir zu der Überschrift ein?", S. 16
Wichtige Hinweise	Mit dem Text „Das Mammut" wird in der folgenden Lerneinheit gearbeitet. Die in der Hausaufgabe formulierten Ideen werden anschließend überprüft.

Bemerkungen für die Unterrichtenden – zur Detektivmethode 2

Die DM 2 gehört ebenfalls zur Gruppe der Verstehensstrategien. Dabei geht es darum, sich die Inhalte des Textes bildhaft vor dem inneren Auge zu veranschaulichen. Dadurch wird der Textinhalt mit eigenen Vorstellungen angereichert. In Abhängigkeit von der Textart soll jedoch unterschiedlich vorgegangen werden:
Geschichten (und deren Handlung / Personen) stellt man sich wie einen Film vor, der vor dem inneren Auge abläuft. Bei Sachtexten hingegen ist es hilfreich, sich ein Bild auszumalen.
Diese Methode wendet man beim Lesen von Büchern meistens automatisch an; der bewusste Einsatz ist gerade bei schwierigen Texten sinnvoll, da die Anwendung der Strategie dazu anhält, den Text langsamer, aufmerksamer und damit gründlicher zu lesen. Einzelheiten und schwierige Textstellen können dadurch besser verstanden und behalten werden. Die Entwicklung eigener Vorstellungen befördert eine tiefere Verarbeitung der Textinhalte und führt damit zu einer Verbesserung des Textverständnisses.

Manche Schülerinnen und Schüler haben Schwierigkeiten, sich Sachverhalte bildlich vorzustellen. In diesen Fällen empfehlen wir vor der Anwendung der DM 2 in einer gesonderten Unterrichtsstunde Vorübungen zum Thema ‚Visualisieren'. Sie finden hier Ideen zum Ablauf einer solchen Stunde. Dabei wird zu Phantasiereisen angeregt, die zum Ziel haben das Vorstellungsvermögen zu aktivieren. Natürlich können Sie auch andere, aktuelle Themen aus dem Unterricht oder eigene Ideen als Vorübung zum bildhaften Vorstellen einsetzen. Wichtig ist, dass vermittelt wird, was mit bildlichem Vorstellen gemeint ist. Falls keine Schwierigkeiten mit dem Visualisieren bestehen, können Sie direkt mit der Besprechung der Hausaufgabe beginnen und mit der Erarbeitung der DM 2 fortfahren.

Zwei Phantasiereisen

Das Kästchen
Setzt euch bequem hin und schließt eure Augen...
Stell dir vor, es ist Sommer und du stehst auf einer grünen Wiese ...
Du schaust nach unten auf deine Füße und entdeckst dort ein wunderschönes Kästchen. Es hat einen roten Deckel mit einer blauen Blume in der Mitte ...
Langsam bückst du dich und nimmst das Kästchen in deine Hand. Du schaust dir das Kästchen genauer an. Dann öffnest du langsam den Deckel ... Im Inneren des Kästchens findest du etwas ganz Besonderes ... Du freust dich, nimmst es heraus und steckst es in deine Hosentasche.
Nun verlässt du die Wiese wieder ... und kehrst in den Klassenraum zurück ... Macht nun eure Augen auf ... und räkelt euch ein wenig.

Der Vogel
Setzt euch bequem hin und schließt eure Augen...
Stell dir vor, dass du ein großer, prächtiger Vogel bist. ... Du darfst dir den Vogel, der du sein möchtest, selbst aussuchen. Vielleicht bist du ein Adler, ... oder ein farbenfroher Papagei.
Du streckst deine Flügel aus und fängst langsam an, damit zu schlagen. Du schlägst immer fester und schneller ... allmählich spürst du, wie deine Beine sich vom Boden lösen. Erst das eine ... dann das andere. Noch ein Flügelschlag und du erhebst dich in die Lüfte. ... Du steigst immer weiter hinauf ... bis du die Landschaft weit unter dir siehst. Du schwebst ruhig durch den Himmel ... und spürst den Wind in deinem Gesicht und auf deinem Körper ... So fliegst du eine Weile deine Runden.
Langsam gleitest du vom Himmel hinab ... und lässt dich in einem Nest auf einem Baum nieder ... Dort sitzt du ganz ruhig in deinem warmen Nest und ruhst dich von deinem Flug aus. Langsam verlässt du deinen Vogel. In Gedanken kehrst du wieder in den Klassenraum zurück ... Atme einmal tief durch ... dann öffne die Augen.

Ziele

Gemeinsames Erarbeiten des Themas „Bildlich vorstellen"

Erarbeitung

Vorübung zum bildlichen Vorstellen

Bei der nächsten Detektivmethode, wird es darum gehen, sich etwas genau vorzustellen. Damit jeder von euch ein Gefühl dafür bekommt, was man darunter versteht, sich etwas „vorzustellen", wollen wir eine kleine Vorübung machen. Danach fällt es euch leichter, die DM 2 zu verstehen und anzuwenden.

Vorschläge zur Umsetzung

- „Das Kästchen" oder
- „Der Vogel"
- andere Beispiele sind ebenfalls möglich

Vorübung anschließend besprechen

Was habt ihr euch vorgestellt?
Wer hatte Schwierigkeiten, sich den Inhalt genau vorzustellen?
Woran lag das?
Könntet ihr ein Bild von dem malen, was ihr euch vorgestellt habt?

Wichtige Hinweise

Phantasiereisen sind gelenkte Tagträume. Es werden Vorstellungsbilder angeboten, die weitgehend selbst ausgestaltet werden können. Die Reisen bieten Anregungen und Ausgangspunkte, sich eigene innere Bilder auszumalen. Der Einsatz von Phantasiereisen hängt von der jeweiligen Zielsetzung ab: Entspannung, Persönlichkeits- oder Lernförderung.

Die Schülerinnen und Schüler sollen eine Entspannungshaltung einnehmen: Sie können eine bequeme Sitzhaltung einnehmen oder die Augen schließen. Schüler, die nicht an der Phantasiereise teilnehmen möchten, erhalten ein alternatives Angebot. Sie können stattdessen ein Bild malen oder etwas lesen. Während des Vortrags soll die Stimme ruhig, langsam und gleichmäßig sein. Negative Aussagen und Widersprüche werden vermieden. Der Text wird im Präsens vorgetragen. Bauen Sie längere Sprechpausen ein, damit die eigenen Bilder ungestört entwickelt werden können. Äußere Störreize – wie vorbeifahrende Autos – sollten nach Möglichkeit in die Geschichte eingebaut werden. Bei der Rückführung in den Klassenalltag ist es wichtig, einen Übergang zur Realität zu schaffen. Die Aufmerksamkeit wird von den inneren Bildern auf die äußere Realität gelenkt („Du spürst den Stuhl, auf dem du sitzt."). Die Kinder werden aufgefordert, die Augen wieder zu öffnen, sich zu dehnen und zu strecken. Die eigene Stimme kehrt in die Alltagssprache und Lautstärke zurück. Nach Phantasiereisen bietet sich ein Erfahrungsaustausch an. Alternativ können Sie Bilder malen oder etwas schreiben lassen. Dabei sollte jeder auch das Recht haben, nichts zu tun. Der Erfahrungsaustausch soll ohne Deutungen oder Interpretationen durch andere oder von Ihrer Seite erfolgen.

Weitere Anregungen

Für eine weitere Beschäftigung mit dem Thema empfehlen wir:
Mueller, D. (1994): Phantasiereisen im Unterricht. Braunschweig: Westermann
Quast, U. (2000): Phantasiereisen. Stuttgart: Grohmann
Teml, H. (1991): Phantasiereisen für Kinder und Jugendliche. Linz: Veritas

Arbeitsblatt S. 17

Das Mammut

Die größten Rüsseltiere der Eiszeit waren die so genannten Mammuts. Sie lebten damals in den kalten Gegenden Europas, Asiens und Nordamerikas. Ein Mammut konnte eine Höhe von bis zu 4,50 Metern erreichen.

Seine kräftigen, zurückgebogenen Stoßzähne wurden bis zu 5 Meter lang und hatten ein Gewicht von über 100 kg. Wegen der Kälte hatte das Mammut eine dicke Haut, die aus einer isolierenden Fettschicht bestand. Darauf wuchs ein dichtes, langhaariges, schwarzes Fell. Am Nacken hatte es außerdem einen Fetthöcker, in dem es Nährstoffe speichern konnte. Auch wenn das Mammut gefährlich aussah, so jagte es doch keine Tiere. Die tägliche Hauptnahrung bestand aus 150-300 kg Pflanzen, die es in der trockenen und kalten grasbestandenen Gegend fand.

Mammuts hatten keine natürlichen Feinde. Sie wurden jedoch gerne von den Steinzeitmenschen gejagt. Die Jäger konnten fast alles von einem erlegten Mammut verwerten: Aus ihren Stoßzähnen stellten sie Waffen, Werkzeuge oder Schmuck her. Die Sehnen und das Fell konnten sie zum Nähen von Kleidern verwenden. Fleisch und Fett dienten als Nahrungsmittel. Besonders schmackhaft soll die Mammutzunge für den Steinzeitjäger gewesen sein.

Lies den Text langsam durch. Stelle dir das Mammut genau vor und male ein Bild von ihm.

Hausaufgabe	Gemeinsames Besprechen der Hausaufgabe
Material	Arbeitsblatt: „Was fällt mir zu dieser Überschrift ein?", S. 16

Ziele	Gemeinsames Erarbeiten und Üben der DM 2, Überprüfen der DM 1
Material	Kärtchen: „Detektivmethode 2" Arbeitsblatt: „Das Mammut", S. 17 Merkblatt: „Detektivmethode 2", S. 18 Je nach Umsetzung des Merkblattes: Folienvorlage, im Anhang S. 84
Erarbeitung	**Kärtchen „Detektivmethode 2" ansehen** – Erarbeiten, was darauf abgebildet ist, anschließend zusammenfassen. Die DM 2 funktioniert folgendermaßen: Wir lesen den Text Absatz für Absatz und stellen uns dabei bildlich vor, was wir gerade gelesen haben. • Bei einer Geschichte mit Personen und einer Handlung könnt ihr so tun, als ob ihr einen Film seht, den ihr euch vor dem inneren Auge genau vorstellt. • Bei einem Sachtext ist es ein Bild, das ihr vor eurem inneren Auge seht. Ihr stellt euch alle Einzelheiten ganz genau vor.
Üben	**Anwenden der DM 2 auf den Text „Das Mammut".** Wir probieren die Methode an dem Text aus, der zur letzten Überschrift gehört. Wir können gleichzeitig überprüfen, ob unsere Vermutungen zum Textinhalt richtig waren (DM 1). Bisher wissen wir, dass es ein Text über ein Mammut ist. Wir passen also beim Lesen auf, was uns der Text über das Mammut verrät und stellen uns das Mammut bildlich vor. **Vorschläge zur Umsetzung** Absätze laut lesen lassen; DM 2 durchführen und Visualisierungen mündlich erarbeiten / beschreiben / an die Tafel zeichnen: Es ist ein Sachtext. Daher werde ich ein Bild malen. Ich stelle mir ein großes Mammut mit langen Stoßzähnen vor... Text gemeinsam lesen; anschließend malt jeder ein Bild unter den Sachtext. **Erfahrungen im Umgang mit der DM 2 besprechen.** War es schwierig, sich das Mammut vorzustellen? Hat die DM 2 geholfen? **Erklärung** Die DM 2 hilft euch, Dinge im Text besser zu verstehen. Sie gehört zu den Verstehensmethoden. Durch das bildliche Vorstellen lest ihr den Text langsamer und aufmerksamer und beachtet dadurch viel mehr Einzelheiten. Das ist besonders bei schwierigen Texten wichtig, damit ihr den Inhalt besser versteht. Denkt nur an den Biologieunterricht. Wer kann mir ein Beispiel nennen, wie ihr dort die Methode anwenden könnt? ...
Festigung	**Merkblatt „Detektivmethode 2" gemeinsam ausfüllen**
Reflexion	**Prüfen der Vermutungen (Hausaufgabe) zur Überschrift** Haben eure Vermutungen zum Text gepasst? Hat euch die Überschrift geholfen, bereits etwas über den Textinhalt zu erfahren?

Bemerkungen für die Unterrichtenden – zur Detektivmethode 3

Textschwierigkeiten gehören zum Alltag. Beim Lesen stoßen wir immer wieder auf komplizierte und manchmal sogar unlogisch erscheinende Texte. Wichtig ist deshalb der angemessene Umgang mit Textschwierigkeiten. Es sollte daher auf keinen Fall einfach weitergelesen werden. Stattdessen wird DM 3 angewandt.
Die Methode gehört zur Gruppe der metakognitiven Verstehensstrategien. Diese unterstützen die Fähigkeit, das eigene Lernverhalten zu steuern, zu überprüfen und zu regulieren.
Im Zusammenhang mit Textschwierigkeiten hilft der Einsatz der DM 3, Textprobleme selbstständig zu bearbeiten und zu lösen.
Bei Textschwierigkeiten soll man das Lesen unterbrechen und die betreffende Stelle markieren. Anschließend stellt man sich vier Fragen:

- *Was ist das Problem?*
- *Welche Lösung gibt es für das Problem?*
- *Was ist die beste Lösung?*
- *Ist das Problem damit gelöst?*

Durch die systematische Beantwortung der Fragen werden verschiedene Lösungsmöglichkeiten generiert, aus denen man die beste Lösungsalternative für das aktuelle Textproblem aussuchen soll. Zuletzt wird überprüft, ob das Problem auch tatsächlich gelöst ist.
Wichtig ist, dass es unterschiedliche Lösungsmöglichkeiten für ein Problem gibt. Die Entscheidung für eine Lösungsalternative hängt von der jeweiligen Situation bzw. von der Art der Textschwierigkeit ab. Die kontinuierliche und systematische Anwendung der vier Fragen soll dazu befähigen, eigenständig angemessene Lösungswege auszuwählen.

Beispiel

Gute Lösungsvorschläge

Bei unbekannten Wörtern:
Jemanden fragen (Lehrer, Eltern, Klassenkameraden...
Fremdwörterlexikon benutzen
Nach Informationen im Text schauen, die das Wort erklären / umschreiben

Bei inhaltlichen Widersprüchen oder fehlendem Zusammenhang
Überlegen, ob das Gelesene in den Text passt
Überlegen, ob ein Wort falsch ist, dann durch ein passendes ersetzen
In eigenen Worten umschreiben

Schlechte Lösungsvorschläge

~~Einfach weiterlesen~~

~~Das unbekannte Wort nicht beachten~~

~~Aufgeben und den Text gar nicht lesen~~

~~Den Text von jemand anderem bearbeiten lassen~~

Die Lösungsansätze sind als Anregung gedacht. Die Klasse soll ‚gute' von ‚schlechten' Lösungsvorschlägen trennen. Die schlechten Lösungsvorschläge, die nicht zu einer Beseitigung der Textschwierigkeit führen, können anschließend demonstrativ durchgestrichen werden.

Ziele

Gemeinsames Erarbeiten der DM 3

Material

Kärtchen: „Detektivmethode 3"

Erarbeitung

Bei Texten gibt es Stellen, die schwierig sind, weil wir Wörter nicht kennen oder nicht verstehen.
Heute lernen wir eine Methode kennen, wie wir mit den schwierigen Stellen im Text umgehen sollen, um den Inhalt besser zu verstehen.

Kärtchen „Detektivmethode 3" ansehen

Erarbeiten, was auf der Vorderseite der Karte abgebildet ist.
Warum ist es wichtig, dass wir sofort unterbrechen und nicht einfach weiterlesen?

Zusammenfassung

Bei Textschwierigkeiten ist es wichtig, dass wir das Lesen sofort unterbrechen. Sonst verstehen wir später etwas nicht oder vergessen nachher, was wir an der Stelle klären wollten.
Wenn uns das Buch gehört, dann malen wir ein Fragezeichen an den Rand und unterkringeln die Stelle, die wir nicht verstehen. Anschließend stellen wir uns vier Fragen:

- Was ist das Problem?
- Welche Lösung gibt es für das Problem?
- Was ist die beste Lösung?
- Ist das Problem damit gelöst?

Tipp

Schreibt euch die vier Fragen auf die Rückseite des Kärtchens zur DM 3.

Erarbeiten von guten und schlechten Lösungswegen

Ihr hattet sicher auch schon einmal Schwierigkeiten, als ihr einen Text gelesen habt. Welche Schwierigkeiten gab es? Was habt ihr gemacht, um das Problem zu lösen?

Zusammenfassung

Wir haben viele nützliche Lösungsmöglichkeiten kennen gelernt, die uns bei schwierigen Textstellen helfen können. Es gibt also keine einheitliche Lösung für alle Textprobleme. Wir müssen bei Textschwierigkeiten versuchen, je nach Situation/ Problem die beste Lösung zu finden.

Wichtige Hinweise

Es soll vermittelt werden, dass einfaches Weiterlesen zu immer größeren Verständnisproblemen führt und daher keine geeignete Lösungsmethode darstellt.

Arbeitsblatt S. 19

Das Grab des Pharaos
Markus unternimmt mit seiner Schwester eine Reise nach Ägypten. Dort besuchen sie abends auch das berühmte Grab des Pharaos Tut-ench-Amun, eines ägyptischen Herrschers, der vor mehr als 3000 Jahren lebte. Sie steigen als letzte Besucher in den spärlich beleuchteten Gang hinab. Im Grab angekommen, betrachtet Markus begeistert die vielen Malereien an den Wänden.
Als er sich umdreht, fehlt plötzlich seine Schwester. Er sucht und sucht, kann sie aber nicht finden. Auf einmal sieht er ein Gespenst auf sich zukommen: »Huhuuu!« Markus schreckt zusammen und läuft ängstlich davon.
Draußen am Eingang schnappt er erst mal nach Luft. Dann hört er ein bekanntes Lachen. Aus dem Gang tritt seine Schwester und schwenkt ihren weißen Schal. Weil es ein böser Scherz war, ist Markus doch froh, seine Schwester wieder zu sehen.

Textschwierigkeit 1 und 2: Unbekannte Wörter
1) Pharao, 2) spärlich (analoges Vorgehen)

1. Was finde ich schwierig?
Ich kenne das Wort „Pharao" nicht und weiß nicht, was es bedeutet.
2. Was kann ich tun, um das Problem zu lösen?
Ich könnte in einem Fremdwörterlexikon nachschauen.
Ich könnte jemanden fragen.
Ich könnte einfach weiterlesen und es nicht beachten.
Ich könnte gucken, ob es im Text erklärt wird, und mache mir eigene Gedanken.
3. Welche Lösung wende ich am besten an?
Es ist keiner da zum Fragen.
Ich schaue im Fremdwörterlexikon nach oder suche im Text nach einer Erklärung.
4. Habe ich mein Problem gelöst?
Ja, ein Pharao war so etwas wie ein König, der Herrscher in Ägypten.

Textschwierigkeit 3: Unlogische Verknüpfung
... weil es ein böser Scherz war, ist Markus doch froh...

1. Was finde ich schwierig?
Das ist unlogisch. Weil es ein böser Scherz war, freut sich Markus?
2. Welche Möglichkeiten gibt es, die Schwierigkeit zu beseitigen?
Für weil könnte ich ein anderes Wort einsetzen, das in den Zusammenhang passt, z.B. wenn das Gegenteil ausgedrückt werden soll: obwohl.
Oder ich könnte einfach weiterlesen und so tun, als ob ich es nicht gemerkt hätte.
3. Welche Lösung wende ich am besten an?
Einfach weiterlesen ist ja immer ungeschickt, denn wenn ich etwas nicht richtig verstanden habe, kann ich es mir ja auch schlecht merken.
Statt weil obwohl*: dann passen die Sätze zusammen und ergeben einen Sinn.*
4. Ist die Schwierigkeit aufgehoben?
Ja, wenn ich statt weil obwohl *benutze, passt alles zusammen.*

Ziele

Gemeinsames Erarbeiten des Themas: „Umgang mit Textschwierigkeiten"
Gemeinsames Anwenden der DM 1 und 3

Material

Arbeitsblatt: „Das Grab des Pharaos", S. 19
Lexikon, Fremdwörterbuch

Üben

Anwenden der DM 1 auf den Text „Das Grab des Pharaos"

Wir lesen einen neuen Text. Was machen wir zuerst?
Wir wenden die DM 1 an.

Text „Das Grab des Pharaos" gemeinsam erarbeiten

Wir wollen sehen, wie uns die DM 3 beim Lösen von Textschwierigkeiten helfen kann. Wir werden gemeinsam den Text lesen und sofort unterbrechen, wenn uns etwas komisch vorkommt.

Text gemeinsam lesen

Anwendung der Detektivmethode vormachen (vier Fragen stellen, laut denken), Antworten sollten zusammen erarbeitet werden. Durch Nachfragen helfen, unterschiedliche Möglichkeiten zu finden. Schwierige Wörter werden entweder aus dem Kontext erschlossen oder mit Hilfe eines Lexikons gelöst.

Textschwierigkeiten:

1) Fremdwort: *Pharao*.
Das Wort hört sich komisch an, was sollte ich da machen? Sofort unterbrechen, Fragezeichen setzen, die Stelle unterkringeln und mir die Fragen stellen.
2) seltenes Wort: *spärlich*
3) unlogische Verknüpfung: *weil*

Wichtige Hinweise

Der Text: „Das Grab des Pharaos" ist erfahrungsgemäß leicht verständlich. Bei einer leistungsstarken Klasse können Sie ihn überspringen und die DM 3 direkt am nächsten Text: „Der beste Lügner" oder an einem selbst gewählten demonstrieren und einüben. Das systematische, planende Vorgehen, das sich ergibt, wenn die vier Fragen durchgearbeitet werden, ist wichtig und sollte auf jeden Fall beibehalten werden!

Die Schülerinnen und Schüler sollen lernen, mit einem Lexikon umzugehen. Daher sollen einige Textstellen anhand von Lexika oder Fremdwörterbüchern geklärt werden. Das gesuchte Wort wird nachgeschlagen und anschließend erläutert. Eine Alternative zum Lexikon stellt das Internet dar. Falls es Ihr Zeitbudget zulässt und Ihre Schule einen Internetzugang besitzt, können Sie zeigen, wie man mit Hilfe von Suchmaschinen z.B. Wörterbücher im Internet finden und schwierige Wörter lösen kann.

Weitere Anregungen

Wenn Schwierigkeiten beim Nachschlagen von Wörtern im Lexikon oder Duden auftreten, empfiehlt sich ein Exkurs zum Umgang mit Nachschlagewerken.
Folgende Nachschlagewerke bzw. Übungen haben sich bewährt:
Josef Greil, Wortprofi. München: Oldenbourg.
Das Alphabet, aus: Deutschbuch – Grundausgabe, Arbeitsheft 5, Berlin: Cornelsen, S. 62-63

Arbeitsblatt S. 20

Der beste Lügner
Bevor du anfängst, die Geschichte zu lesen, wende die Detektivmethode 1 an. Hier hast du Platz dafür.
Der Pascha von Rhodos, der sich häufig langweilte, ließ eines Tages in der gleichnamigen Hauptstadt seiner Insel verkünden: »Wer von meinen Untertanen in der Lage ist, mir eine Geschichte zu erzählen, die mich davon überzeugt, dass sie eine Lüge ist, der erhält als Preis eine Kugel aus reinem Gold!«
Da sich keiner der vielen Lügner, die es in der Stadt gab, den reichen Lohn entgehen lassen wollte, gab es bald vor dem Tor des Palastes ein großes Gedränge.
Jeder wollte es versuchen, und wenn er dann vor dem Pascha stand, log er, dass sich die Balken bogen. Doch keiner hatte Glück, denn selbst als einer behauptete, er wäre soeben vom Himmel gefallen, und ein anderer beteuerte, das Meer wäre ausgetrocknet, erklärte der Pascha mit ernster Miene: »Warum nicht? Das wäre schon möglich!«
Nun lebte in Rhodos ein uralter, verschmitzter Mann, der ebenfalls den Preis haben wollte. Er lud sich einen riesigen tönernen Topf auf die Schulter, trug ihn keuchend zum Palast des Paschas oder begehrte von der Torwache, vor den Herrn geführt zu werden.

Arbeitsblatt S. 22/23
Das Arbeitsheft enthält insgesamt zwei dieser Übungsblätter. Als Hausaufgabe sollen vier problematische Textstellen eingetragen und nach dem Schema der DM 3 geklärt werden.
Das Arbeitsblatt kann auch anstelle der Hausaufgabe für die Erarbeitung der Wortbedeutungen in der Kleingruppenarbeit verwendet werden.
Zur Festigung soll auf dem Arbeitsblatt S. 22 noch einmal die DM 2 wiederholt werden.

Üben der Detektivmethode 3

1. Problem

1. Was finde ich schwierig?
Ich kenne das Wort ‚Pascha' nicht und weiß nicht, was es bedeutet.

2. Was kann ich tun, um das Problem zu lösen?
Ich könnte einen Lehrer fragen, andere Kinder oder meine Eltern.
Ich könnte in einem Fremdwörterlexikon nachschauen.
Ich könnte weiterlesen und es nicht beachten.
Ich könnte gucken, ob es mir im Text erklärt wird, und mache mir dazu eigene Gedanken.

3. Welche Lösungsmöglichkeit wende ich am besten an?
Es ist gerade keiner da zum Fragen und ich habe kein Fremdwörterlexikon.
Weiterlesen und nicht beachten ist nicht gut, weil ich hinterher die Geschichte nicht verstehe, also probiere ich, ob ich schlau werde, wenn ich weiterlese und mir Gedanken mache.
Welche Informationen gibt es denn weiter unten im Text?
Es wird von „seiner Insel" gesprochen, von „seinen Untertanen", er ist reich, weil er „als Preis eine Kugel aus reinem Gold" vergeben kann. Rhodos ist eine griechische Insel. Ich schätze, dass Pascha der griechische Name für einen Herrscher ist.

4. Habe ich mein Problem gelöst?
Ich weiß noch nicht genau, was ein Pascha ist, kann mir aber denken, dass es jemand Höhergestelltes ist. Ja, ich habe die Schwierigkeit behoben und weiß jetzt, worum es geht.

Ziele	Selbstständiges Üben, wie man mit schwierigen Textstellen umgehen sollte
Material	Arbeitsblatt: „Der beste Lügner", S. 20 Lexikon / Fremdwörterbuch
Üben	**Überschrift des Textes vorlesen und DM 1 anwenden lassen.** Unser Text heißt „Der beste Lügner". Was fällt euch zu der Überschrift ein? **Wiederholen der DM 3** Worum ging es bei der DM 3? Welche Fragen sollt ihr euch stellen? **Anwendung der DM 3 auf die *erste* Seite des Textes** Lexikon und Fremdwörterbücher einsetzen lassen. **Vorschläge zur Umsetzung** Text Abschnitt für Abschnitt lesen, die schwierigen Textstellen bearbeiten: Wir lesen den neuen Text und stoppen, wenn wir etwas nicht verstehen. 1) Fremdwort: *Pascha* 2) seltenes Wort: *Untertan* 3) unlogische Verknüpfung: *oder* Textschwierigkeiten in Kleingruppen behandeln lassen. Anschließend besprechen.
Wichtige Hinweise	Damit in der gemeinsamen Besprechung der Textschwierigkeiten Korrekturen vorgenommen werden können, sollen Lösungsvorschläge mit Bleistift in die Übungsblätter eingetragen werden!
Weitere Anregungen	Prüfen Sie bei einigen Wörtern nach, ob diese bekannt sind und inhaltlich erklärt werden können! Oft meinen Kinder alles verstanden zu haben, bei genauem Nachfragen ergeben sich jedoch Schwierigkeiten. Z.B.: *Gedränge, beteuern, ...* Sie können die DM 2 wiederholen, indem Sie die Geschichte nachspielen lassen.

Hausaufgabe	Eigenständiges Anwenden der DM 3
Material	Arbeitsblatt: „Der beste Lügner", S. 21 Arbeitsblatt: „Üben der Detektivmethode 3", S. 22/23
Üben	**Anwenden der DM 3 auf die *zweite* Seite des Textes.** Der Text wird unter Anwendung der DM 3 zu Ende gelesen, die Lösungen werden mit Bleistift in die vorgesehenen Arbeitsblätter eingetragen.
Wichtige Hinweise	Als Hausaufgabe sollen Lösungsvorschläge mit Bleistift in die Arbeitsblätter eingetragen werden, damit bei der Besprechung Korrekturen möglich sind.
Weitere Anregungen	Es kann auch ein passendes Bild zur Geschichte gemalt werden (DM 2).

Arbeitsblatt S. 21

Als er bald darauf vor dem Pascha stand, fragte ihn dieser erstaunt: »Weshalb bringst du denn einen Pithos zu mir?« Da sagte der listige Alte: »Ich komme zu dir, erhabener Gebieter, um eine alte Schuld einzutreiben. Mein Vater hat nämlich deinem Großvater, als der einmal in großer Not war, eine gewaltige Summe Geld geliehen. Er brachte sie ihm in lauter Goldstücken, die diesen Pithos bis zum Rande füllten. Dein Großvater versprach zwar, die riesige Schuld so bald wie möglich zu begleichen, tat es aber bis zu seinem Tode nicht. Auch dein Vater hat das Geld nicht zurückgezahlt. Ich glaube, dass es an der Zeit wäre, die Sache zu begleichen, die dein Großvater wie dein Vater zu tilgen unterließen.«
Jetzt sprang der Pascha von seinem Sitz auf und rief empört: »Das ist eine Lüge!« Da erwiderte der Greis triumphierend: »Du hast Recht, erhabener Gebieter, es ist eine Lüge! Weil du aber von meiner Geschichte behauptet hast, dass sie erlogen sei, gehört mir nun die goldene Kugel!«
Der Pascha machte zuerst ein verblüfftes Gesicht, dann aber musste er lachen. Er befahl seinem Diener, die goldene Kugel zu bringen und reichte sie dem listigen Alten als wohlverdienten Preis.

Mögliches Vorgehen bei der Bearbeitung von unlogischen Textstellen
Der alte Mann trug den Topf zum Palast oder begehrte, vor den Herrn geführt zu werden.

1. **Was finde ich schwierig?**
   Das ist keine logische Verbindung. Hier stimmt etwas nicht.
2. **Was kann ich tun, um das Problem zu lösen?**
   Ich könnte einfach weiterlesen.
   Ich könnte zwei Sätze daraus machen: ... trug den Topf zum Palast. Er begehrte, ...
   Ich könnte für *oder* ein anderes Wort einsetzen, z.B. *und*
3. **Welche Lösung wende ich am besten an?**
   Weiterlesen wäre nicht gut, weil ich dann einen Teil nicht verstanden habe.
   Zwei Sätze ginge, klingt aber etwas komisch.
   Am einfachsten und schnellsten ist es, wenn wir *und* für *oder* einsetzen.
4. **Ist mein Problem damit gelöst?**
   Ja, dann wäre die Schwierigkeit behoben.

Illustration
Bei der Textschwierigkeit „Pithos" sollte die Bedeutung des Wortes aus dem Satz abgeleitet oder in einem Lexikon nachgeschlagen werden. Ein Pithos ist ein großer, tönerner Krug.

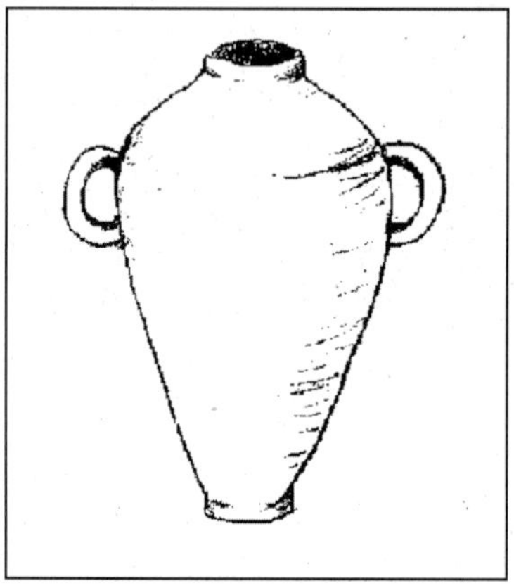

Hausaufgabe	Wiederholung und Anwendung der DM 3
Material	Arbeitsblatt: „Der beste Lügner", S. 21 📖 Arbeitsblatt: „Üben der Detektivmethode 3", S. 22/23 📖
Besprechen	**Textschwierigkeiten und Lösungsmöglichkeiten durchgehen** Welche Textschwierigkeiten hattet ihr? Welche unlogischen Formulierungen habt ihr gefunden? Wie sehen eure Lösungen dazu aus? 4) Fremdwort: *Pithos* 5) seltenes Wort: *tilgen* 6) seltenes Wort: *Greis* andere Textschwierigkeiten der Schüler bearbeiten

Ziele	Festigung der DM 3, Wiederholung der DM 1
Material	Merkblatt : „Detektivmethode 3", S. 24 📖 Je nach Umsetzung des Merkblattes: Folienvorlage, im Anhang S. 85
Reflexion	**Erfahrungen mit der Methode besprechen** Ist es euch schwergefallen, die vier Fragen regelmäßig zu stellen? Hattet ihr das Gefühl, ihr braucht länger für den Text? Wenn ja, ist die Methode trotzdem sinnvoll? Hat sie euch geholfen? **Merkblatt „Detektivmethode 3" gemeinsam ausfüllen**
Festigung	**Gemeinsames Besprechen der DM 1** Zum Ende der Stunde erinnern wir uns an die DM 1. Wisst ihr noch, welche Ideen ihr zur Überschrift hattet? Waren eure Ideen richtig?
Weitere Anregungen	Unter dem Text „Der beste Lügner" finden Sie Fragen zum Textinhalt, die Sie gemeinsam mit Ihrer Klasse diskutieren können.

Bemerkungen für die Unterrichtenden – zur Detektivmethode 4

Die DM 4 gehört zu den metakognitiven Strategien, deren Einsatz helfen soll, das Verstehen zu unterstützen. Die Methode soll dabei helfen, den Leseprozess zu überwachen und die Anwendung der Detektivmethoden sowie das Lesetempo etwaigen Textschwierigkeiten anzupassen.
Die Strategie wird eingesetzt, nachdem ein Abschnitt gelesen und bereits die DM 1 bis 3 angewendet wurde. Dabei prüfen die Schülerinnen und Schüler, ob sie das Gelesene verstanden haben und ob der Inhalt schlüssig ist. Gleichzeitig kontrollieren sie auch, ob die Bilder oder der Film, den sie sich zu dem Text vorstellen, logische Widersprüche enthält.
Die konkrete Umsetzung der DM 4 wird erfahrungsgemäß verständlicher, wenn nach dem Durchlesen des Textabschnittes Fragen zum Inhalt gestellt werden: Warum bestimmte Dinge passieren, weshalb Personen etwas tun, welche Gründe es dafür gibt, ob die Inhalte zusammenpassen oder ob etwas unlogisch klingt. Hierfür können Sie gut auf die Parallele zu echten Detektiven zurückgreifen, die Aussagen ebenfalls genau auf ihre Stimmigkeit hin überprüfen müssen.

Arbeitsblatt S. 25

Lügen haben kurze Beine
Detektivmethode 1 - Überschrift beachten:
Wovon könnte die Geschichte handeln? Schreibe deine Einfälle hier auf:

Detektivmethode 2 - Bildlich vorstellen:
Lies die erste Seite der Geschichte Absatz für Absatz. Male oder schreibe auf, was du dir vorstellst.

Detektivmethode 3 - Umgang mit Textschwierigkeiten:
Wenn du ein Wort nicht kennst, dann wende die 4 Fragen von Detektivmethode 3 an.

Ziele	Festigung der DM 1 bis DM 3 durch gemeinsame Anwendung auf einen neuen Text
Material	Arbeitsblatt: „Lügen haben kurze Beine", S. 25 Arbeitsblatt: „Lügen haben kurze Beine", S. 26
Üben	Heute wollen wir gemeinsam eine Kriminalgeschichte lesen und als Textdetektive versuchen, den Fall zu lösen. Dabei wenden wir unsere bisher gelernten Methoden an und lernen die DM 4 kennen. **Aufgabe zur DM 1 im Arbeitsblatt lesen** DM 1 auf die Überschrift zum Text anwenden lassen. Welche Methode kommt zuerst zum Einsatz? Worum könnte es in der Geschichte gehen? Kennt jemand von euch das Sprichwort und kann es den anderen erklären? **Aufgabe zur DM 2 im Arbeitsblatt lesen** Die erste Seite des Textes „Lügen haben kurze Beine" lesen, dabei die DM 2 anwenden lassen. Vorschläge zur Umsetzung: Die Szene nachspielen lassen. Visualisierungen nacherzählen lassen. Eine Szene aussuchen lassen, zu der ein Bild gemalt wird. **Textschwierigkeiten auf der ersten Seite des Textes beheben** DM 3 systematisch anwenden.
Wichtige Hinweise	Im Text „Lügen haben kurze Beine" gibt es erfahrungsgemäß sechs „schwere Wörter", die auf der folgenden Seite gekennzeichnet sind.

Arbeitsblatt S. 26

Frankfurt, am 12. Oktober letzten Jahres. Kommissar Hoflehner drückte auf den roten Knopf unter seiner Schreibtischplatte. Ein Beamter streckte daraufhin seinen Kopf zur Tür herein und fragte: »Was gibt's, Hoflehner?« – »Schicken Sie mir den jungen Mann herein!«
Der Kopf verschwand wieder und wenig später wurde ein junger Mann hereingeschoben. Dieser hatte ein ungepflegtes Aussehen und ebenso schlechte Manieren. Ohne Aufforderung ließ er sich auf einen Stuhl fallen und schimpfte los: »Wie lange muss ich eigentlich noch hier herumhocken? Ich habe meine Zeit schließlich nicht im Lotto gewonnen!«
Der Kommissar schwieg. Dann sagte er: »Guten Morgen, Herr Franke! Wir haben Sie gestern Abend, 23 Uhr 35 dabei erwischt, wie Sie gerade das Haus Luisenstraße 4 durch...« hier räusperte er sich, »das Kellerfenster verließen. Das Haus gehört dem Zahnarzt Schramm...«
Der Einbrecher sprang auf und schüttelte wütend die Fäuste. »Alles ein Irrtum... Ich wollte Schramms überraschen. Sie sind meine Freunde...«
Der Kommissar stand auf, schlenderte ans Fenster und schaute ein wenig hinaus. Dann sagte er: »Ach... Machen Sie Ihre Besuche immer durchs Kellerfenster?«
»Ich sagte doch, es sollte eine Überraschung werden... Ich habe bereits erfolglos versucht, das Ihrem Beamten klarzumachen. Aber der verstand ja nur Bahnhof.« – »Ach so...«
»Ich hatte ja keine Ahnung, dass sie verreist waren... Also bin ich rein. Und als ich merkte, dass niemand da war, bin ich sofort wieder umgekehrt. Ich bin nicht mal bis zur Küche gekommen.... So war's!«
Der Kommissar grinste. »Ach ja,... Wann haben Sie eigentlich erfahren, dass die Schramms verreist sind?« – »Hm..., das war vor drei Tagen... eigentlich ganz durch Zufall.«
»Wissen Sie auch noch, wie spät es war, als Sie durch das Fenster stiegen?«
Franke tat, als sei die Gewissenhaftigkeit die stärkste seiner Charaktereigenschaften: »Natürlich, es war genau 22 Uhr. Die Glocken haben gerade geläutet... Und die überhört man ja nicht. «

Umsetzung der Detektivmethode 4

Jetzt kommt die DM 4. Warum schaut denn ein Beamter plötzlich zur Tür herein? War das zufällig? Warum schimpft der junge Mann gleich los? Welche Gründe hat er?

Der Beamte kommt zum Polizeichef, weil dieser mit dem roten Knopf geklingelt hat. Das ist also ein Zeichen für ihn, dass er zu ihm ins Zimmer kommen soll. Und der junge Mann schimpft deshalb, weil er schlecht gelaunt ist. Er musste schon lange warten, bis er zu dem Polizeichef gebracht wurde. Was der Kommissar von ihm will, das wissen wir noch nicht. Aber soweit habe ich alles verstanden. Jetzt kann ich weiterlesen.

Warum geht der Kommissar zum Fenster und schaut hinaus, bevor er weiterredet?
Der junge Mann steht im Zimmer und regt sich auf und der Kommissar geht in aller Ruhe zum Fenster und schaut hinaus ... Warum? Ist da draußen etwas Interessantes? ... Nein, ich glaube der Kommissar will zeigen, dass er ganz ruhig ist, und will betonen, dass er siegessicher ist.

Ziele	Gemeinsames Erarbeiten und Anwenden der DM 4
Material	Kärtchen: „Detektivmethode 4" Arbeitsblatt: „Lügen haben kurze Beine", S. 26
Erarbeitung	Ihr habt die drei Methoden gut angewendet. Jetzt wollen wir die DM 4 kennen lernen und dann auf die erste Seite der Geschichte anwenden. **Kärtchen „Detektivmethode 4" ansehen** Erarbeiten, was auf der Karte abgebildet ist und wie man die Methode anwendet. Ein Detektiv überlegt, ob der Film, den er sich ausgemalt hat, zum Text passt. Wieso macht er das? Was bedeutet das für uns als Textdetektive? Warum könnte das Prüfen für uns wichtig sein? **Zusammenfassung** Für uns bedeutet das, dass wir nach jedem Abschnitt überprüfen, ob das, was wir uns vorgestellt haben, zusammenpasst. Ist das logisch, was ich mir vorstelle? Habe ich alles verstanden? Warum ist es wichtig zu prüfen, ob ich alles verstanden habe, auch wenn alles klar ist? Bei einfachen Text ist das vielleicht dann überflüssig. Bei schwierigen Texten ist es aber wichtig zu prüfen, ob wirklich alles zusammenpasst. Durch das Prüfen entdecken wir manchmal Widersprüche, die uns sonst nicht aufgefallen wären. Die DM 4 gehört also auch zu den Verstehensmethoden. **Anwenden der DM 4 auf die *erste* Seite des Textes** Bei der DM 4 fragt ihr euch, *warum* bestimmte Sachen gemacht werden. Wir können auch andere Fragen stellen: *Welche* Gründe hatte er ... Am besten beginnt man also den Satz mit einer W-Frage. So könnt ihr herausfinden, ob ihr die Textstelle richtig verstanden habt. Vorschläge zur Umsetzung DM 4: Der Textabschnitt wird gemeinsam durch gegenseitiges Fragen und Antworten erarbeitet. Demonstration der DM 4 (Modelllernen).
Wichtige Hinweise	Die Schülerinnen und Schüler sollen durch gezieltes Fragen feststellen, ob sie das Gelesene richtig verstanden haben. Die „W-Fragen" erleichtern den Zugang und die Überprüfung des eigenes Textverständnisses. Achten Sie darauf, dass nicht nur Behaltensfragen gestellt werden; z.B.: Wer ist Hoflehner? = Der Kommissar. Vielmehr sollte auch nach Gründen gefragt werden, warum bestimmte Dinge passieren; z.B.: Woran erkennt man, dass Herr Franke schlechte Manieren hat? = Er lässt sich auf einen Stuhl fallen und schimpft ... oder: Warum schüttelt Herr Franke wild den Kopf? = Er will damit zum Ausdruck bringen, dass der Polizist sich irrt und er unschuldig ist. Er will damit betonen, dass er die Kühlschranktür nicht offen gelassen hat.

Arbeitsblatt S. 27

»Hm...«, brummte der Kommissar. »Noch eine letzte Frage. Der Polizist Bohmleitner behauptete, Sie hätten in der Küche die Kühlschranktür offen gelassen... stimmt das nicht?« Kevin Franke schüttelte wild den Kopf: »Da irrt sich der Polizist aber. Ich weiß genau, dass ich sie wieder zugemacht habe!« »Super!« freute sich Hoflehner. »Das wär's. Und schon können Sie wieder gehen!« - »Ich kann gehen?« - »Ja, in Ihre Zelle zurück. Ich weiß jetzt, dass Sie ein ganz gewöhnlicher Einbrecher sind... Jaja, Lügen haben kurze Beine.« - »Wieso Lügen?« - »Ich habe Sie beim Lügen erwischt, ganz einfach. Und nicht nur bei einer, sondern gleich bei drei Lügen. Pfui! Sie sollten sich wirklich was schämen.«
Und dann drückte der Kommissar zum zweiten Mal an diesem Morgen auf den roten Knopf unter seiner Schreibtischplatte.
Welche drei Lügen waren es?

Detektivmethode 3: Umgang mit Textschwierigkeiten
Wenn du ein Wort nicht kennst, dann wende die Fragen aus der DM 3 an.

Detektivmethode 4: Verstehen überprüfen
Überlege dir Fragen zu der Geschichte, die deine Mitschüler beantworten sollen. Die Antworten sollst du selbst auch kennen! Schreibe die Fragen hier auf.

Frage 1________________
Frage 2________________
Frage 3________________

Die drei Lügen werden entdeckt, wenn die DM 2 und DM 4 angewendet werden.

Lüge 1: *Er erzählt, dass er um 22 Uhr eingestiegen ist und nur ganz kurz drin war. Er wurde allerdings erst um 23.35 Uhr dabei erwischt, als er das Haus verließ.*
Wir können feststellen, dass er erst kurz vor Mitternacht erwischt wurde, während er schon um 22 Uhr einstieg, als die Glocken schlugen.

Lüge 2: *Er erzählt, dass er keine Ahnung hatte, dass sie verreist sind, gleichzeitig gibt er auf Nachfragen an, dass er schon drei Tage davon wusste.*
Wir können uns vorstellen, wie er durch das Haus streift und seine Freunde ruft, wie er ganz verwirrt guckt, wie er dann traurig wieder geht ... Im Gegensatz dazu dann das Gespräch, dass er vielleicht mit Bekannten führt, die ihm erzählen, dass die Schramms verreist sind.

Lüge 3: *Er erzählt, dass er nicht mal bis zur Küche gekommen ist. Gleichzeitig will er aber die Kühlschranktür geschlossen haben.*
Wir können uns vorstellen, wie er am Kelleraufgang steht, seine Freunde ruft, keiner antwortet und er wieder geht ... im Gegensatz dazu dann, wie er in die Küche hineingeht, sich etwas aus dem Kühlschrank holt und die Kühlschranktür wieder schließt.

Hausaufgabe	Eigenständiges Anwenden der DM 2, DM 3 und DM 4
Material	Arbeitsblatt: „Lügen haben kurze Beine", S. 27 📖 Arbeitsblatt: „Lügen haben kurze Beine", S. 28 📖
Üben	**Die zweite Seite des Textes wird gelesen** Aufgaben zum Text und im Arbeitsblatt bearbeiten. (DM 2 bis DM 4) Denkt euch drei knifflige Fragen zu der Geschichte aus, die in der nächsten Stunde jemand beantworten muss. Natürlich sollt ihr die Antwort zu eurer Frage auch kennen, damit ihr dem anderen helfen könnt. Formuliert W-Fragen. Mit den Fragen prüft ihr gegenseitig, ob ihr alles verstanden habt.

Ziele	Selbstständiges Üben und Festigung der DM 4, Überprüfen der DM 1
Material	Arbeitsblatt: „Lügen haben kurze Beine", S. 27 📖 Arbeitsblatt: „Lügen haben kurze Beine", S. 28 📖 Merkblatt: „Detektivmethode 4", S. 29 📖 Je nach Umsetzung des Merkblattes: Folienvorlage S. 86
Üben	**Aufgabe zur DM 4 im Arbeitsblatt besprechen** Erinnert ihr euch noch, was man bei der DM 4 macht? Es ging darum, zu prüfen, ob ich alles, was im Text steht, richtig verstanden habe. Wir wollen dafür die Fragen verwenden, die ihr in der Hausaufgabe notiert habt. **Vorschläge zur Umsetzung** Gruppenarbeit: Klasse aufteilen. Eine Person aus der ‚gegnerischen Mannschaft' soll die Fragen beantworten. Es können Punkte vergeben werden. Partnerarbeit: Der jeweilige Sitznachbar beantwortet die Fragen. Alle: Die Fragen werden im Klassenverband beantwortet. Der Lehrer gibt jeweils Unterstützung und bringt selbst Fragen ein. **Die drei Lügen entdecken lassen** Wo hat sich der Einbrecher widersprochen? Besprechen, ob die Gedanken zur Überschrift (DM 1) richtig waren.
Reflexion	**Die Erfahrungen mit der DM 2 bis DM 4 besprechen** Ihr habt alle vier Detektivmethoden gut angewendet und dadurch Dinge herausgefunden, die ihr beim Lesen nicht sofort entdeckt. Hattet ihr die Lösung gleich beim Vorlesen? Oder erst, als ihr euch den Text genau vorgestellt habt?
Festigung	**Merkblatt „Detektivmethode 4" ausfüllen** Vgl. Anhang, S. 86
Weitere Anregungen	Die Schülerinnen und Schüler kennen nun alle Verstehensmethoden. Zur Festigung empfehlen wir, diese an weiteren Texten zu üben, bevor Sie mit der Einführung in die Behaltensmethoden fortfahren.

Bemerkungen für die Unterrichtenden – zu den Lesespielen

Zum Üben der selbstständigen Anwendung der Detektivmethoden wird das Unterrichtsprogramm um zwei Lesespiele ergänzt. Das erste Lesespiel schließt die Unterrichtseinheiten zu den Verstehensmethoden ab, das zweite Lesespiel steht am Ende der Behaltensmethoden. Texte und Arbeitsbögen zu den Lesespielen finden Sie als Kopiervorlage im Anhang.
Die Lesespiele haben einerseits die Funktion, Ihnen eine Rückmeldung zu geben, wie gut die Schülerinnen und Schüler schon in der Lage sind, die Strategien selbstständig anzuwenden. Andererseits können die Lesespiele auch dazu dienen, eine gemeinsame Besprechung über Schwierigkeiten bei der Anwendung der Detektivmethoden und deren Nutzen durchzuführen.
Die Fragen beziehen sich entweder direkt auf die Anwendung von Detektivmethoden oder es werden Sachverhalte thematisiert, die nicht explizit im Text beschrieben sind, sondern erschlossen werden müssen („Verstehen überprüfen"). Es sollte daher prinzipiell deutlich werden, dass die Detektivmethoden hilfreich sind. Darüber hinaus ist jedoch auch zu erwarten, dass Schwierigkeiten bei der selbstständigen Bearbeitung von Texten erkennbar werden.
Zur Bearbeitung der Texte sollen die Schülerinnen und Schüler max. 20 Minuten zur Verfügung gestellt bekommen. Weitere 20 Minuten werden für das Ausfüllen des Arbeitsbogens benötigt. Wenn Sie die Lesespiele nur als Rückmeldung zum Lernstand verwenden wollen, genügt eine Unterrichtsstunde. Bei einer ausführlichen Nachbesprechung sollte eine Doppelstunde kalkuliert werden.

Arbeitsblatt, Anhang S. 104

Zur Beantwortung der zweiten, dritten und vierten Frage sollen die Schülerinnen und Schüler sich auf jene Textstellen beziehen, die Sie hier ausformuliert vorfinden.

Lesespiel 1

1. Wie stellst du dir den Ort vor, an dem die Geschichte spielt?
2. Denkst du, dass der Hund in der Geschichte einen Besitzer hat? Benutze Informationen aus dem Text, um deine Vermutung zu begründen.
   Er sah aus, als hätte er seit Wochen im Dreck geschlafen, so struppig und staubig war sein Fell ... Aber der Hund schien sehr hungrig zu sein: mit einem Satz stürzte er sich auf das Brotstück und verschlang es blitzartig ... »Du hast ja gar kein Halsband um, Blanco.«
3. Unterstreiche den Satz, der erklärt, warum die Überschrift der Geschichte »Blanco heißt Weiß« lautet.
   Dass die Farbe Weiß auf Spanisch Blanco heißt, hatte Michael von seinem spanischen Brieffreund Antonio gelernt, dem er seit seinem Urlaub in Barcelona vor zwei Jahren regelmäßig schrieb.
4. Der Hund fasst Vertrauen zu Dennis. Finde zwei Wörter im Text, die dieses zeigen, und schreibe sie heraus.
   1. zutraulich legte er sich...
   2. sah ihn mit erwartungsvollen Augen an
5. Wie könnte die Geschichte weitergehen?

Ziele

Selbstständige Anwendung der bisher gelernten Detektivmethoden

Material

Text: „Lesespiel 1", im Anhang S. 102/ 103
Arbeitsbogen: „Lesespiel 1", im Anhang S. 104/ 105
Lexika, Duden

Einführung

Heute machen wir ein Lesespiel, um zu sehen, wie gut ihr als Textdetektive bereits arbeitet. Ihr bekommt die Aufgabe, alle bisher gelernten DM selbstständig auf einen Text anzuwenden. Ich werde euch einen Text geben, den wir gemeinsam lesen. Ihr müsst den Text gründlich durcharbeiten, damit ihr möglichst viel versteht und behaltet.

Bearbeitung

Text „Lesespiel 1" austeilen

Ablauf des Lesespiels erklären und ggf. DM wiederholen

Ihr sollt auf den Text alle DM anwenden, die ihr bisher kennen gelernt habt.
Welche waren das?
Wie funktionieren sie?
Zuerst lesen wir den Text zusammen, danach sollt ihr die Detektivmethoden anwenden und anschließend bekommt ihr ein Arbeitsblatt, auf dem ihr fünf Aufgaben zu dem Text bearbeiten sollt.

Text einmal gemeinsam lesen

Anschließend sollen die DM auf den Text in Stillarbeit angewendet werden.
Lest den Text jetzt für euch nochmal gründlich durch und benutzt alle Detektivmethoden.
Es geht hier nicht um Schnelligkeit sondern Gründlichkeit.

Arbeitsblatt „Lesespiel 1" austeilen

Bearbeitet nun die Aufgaben zu dem Text.

Einsammeln der Texte und Arbeitsblätter

Nur nötig, wenn Sie das Lesespiel ausschließlich als Rückmeldung zum Lernstand nutzen wollen.

Besprechung

Inhalt des Textes sichern

Wer kann mir sagen, worum es in dem Text ging, den ihr eben gelesen habt? Denkt ihr, dass der Hund einen Besitzer hat? Und was denkt ihr, wie die Geschichte wohl weitergeht?

Wichtige Hinweise

Für die Anwendung der DM 3 sollten Duden und Lexika zur Verfügung stehen.

Bei der Nachbesprechung sollte thematisiert werden, welche Detektivmethoden hilfreich bei der Bearbeitung des Textes waren und bei welchen DM es noch Schwierigkeiten gibt.

Bemerkungen für die Unterrichtenden – zum Thema Behalten

Wir erinnern hier an den Aufbau der sieben Detektivmethoden: Die bisher behandelten und eingeübten Strategien dienten dem tieferen Verständnis von Inhalten. Bei der Anwendung von ***Verstehensmethoden*** *wurde vornehmlich elaborativ vorgegangen: Die neuen Inhalte wurden durch das Aktivieren des eigenen Vorwissens mit bildlichen Vorstellungen und mit zusätzlichen erklärenden Informationen angereichert.*
Bei den nun folgenden ***Behaltensmethoden*** *geht man dagegen eher reduktiv vor: Durch Unterstreichen werden wichtige Informationen ausgewählt und unwichtige weggelassen.*
Auch das anschließende Zusammenfassen dient dazu, den Text zu reduzieren. Dabei soll in eigenen Worten formuliert werden. Beide Methoden ergänzen einander, sie bringen den Text in eine Form, die sich besser einprägen und wiedergeben lässt.
Im Anschluss wird durch den Einsatz einer metakognitiven Strategie geprüft, ob das Gelesene auch sicher behalten wurde: In Gedanken wird das Gelernte wiedergegeben und mit der Textvorlage verglichen. Was an wichtigen Informationen nicht abrufbar ist, wird gezielt erneut gelernt.

Lesestrategien

Verstehensmethoden

Lesestrategien
– Überschrift beachten
– Bildlich vorstellen

Metakognitive Strategien
– Umgang mit Textschwierigkeiten
– Verstehen überprüfen

Behaltensmethoden

Lesestrategien
– Wichtiges unterstreichen
– Wichtiges zusammenfassen

Metakognitive Strategien
– Behalten überprüfen

Zum Einstieg in das Thema ‚Behalten' können Sie den Beispieltext unten vorlesen oder auf Kassette aufnehmen und abspielen und dazu folgende Fragen stellen:

Welche Fehler macht Zoltan?
Was ist sein Problem?

- Er hat den Fall gelöst – also verstanden, aber er kann sich nicht alles merken.
- Er versucht, alle Einzelheiten zu erzählen (... Katze krank ...)
- Er erinnert sich aber nicht an alles (..., wie hieß der noch mal?)
- Er unterscheidet nicht zwischen wichtig und weniger wichtig.

Beispiel

Zoltan hat gerade seinen ersten Fall gelöst.
Voller Stolz steht er bei seinem Chef und beginnt seinen Bericht:

„Alles klar Chef: Der Fall ist gelöst. Ich habe verstanden, was da los war. – Also: Hier habe ich die Akte", Zoltan kramt in einem Stapel Zetteln. „Ich habe mit zwanzig bis dreißig Leuten geredet, ... ähm, ... mit Herrn Geyer, dem Eigentümer der Firma, Frau Ludwig, dem Hausmeister, ... mit einigen der Nachbarn. Dann war da noch so ein älterer Mann, wie hieß der noch mal? Na egal. ... Ach ja, genau, hier steht's: Frau Ludwig zum Beispiel war am Montag den ganzen Tag schon nervös gewesen, sagte sie, irgendwie hatte sie so ein Gefühl, es würde etwas passieren – sie ist übrigens schon seit dreißig Jahren bei Herrn Geyer angestellt – ihre Katze war krank geworden am Morgen, ... ähm, ... was hat sie dann erzählt?..."

Hier unterbricht ihn der Chef; er ist sichtlich verwirrt und ärgerlich.

Ziele	Wichtige Begriffsklärung Gemeinsames Erarbeiten des Themas „Behalten" Unterschied Verstehen – Behalten
Material	Je nach Art der Einführung: Detektivbeispiel / eigenes Beispiel
Erarbeitung	In den letzten Stunden habt ihr einige Detektivmethoden kennen gelernt, mit denen ihr Texte besser verstehen könnt. Heute wollen wir gemeinsam lernen, wie wir Texte gut behalten können. Oft enthalten Texte so viele Informationen, dass man sich nicht alles merken kann. Beim Behalten geht es auch nicht darum, sich alles zu merken. Es geht darum, sich das *Wichtigste* zu merken. **Das Thema „Behalten" gemeinsam erarbeiten** Vorschläge zur Umsetzung: – Detektivbeispiel, – Schulbeispiel. Stellt euch vor, ihr habt zu Hause einen Text gelesen. Es war ein schwieriger Text, aber er hat euch viel Spaß gemacht und ihr habt alles verstanden. Am nächsten Tag sollt ihr erzählen, was darin steht. Dann könnt ihr euch zwar erinnern, dass ihr alles verstanden hattet, aber ihr könnt den Inhalt des Textes nicht erzählen, weil ihr vieles vergessen habt. **Verdeutlichung des Unterschiedes zwischen Verstehen und Behalten** Beim Verstehen ist es wichtig, alle Einzelheiten zu beachten und sich alles gut vorzustellen. Beim Behalten ist es genau umgekehrt: Viele Einzelheiten belasten unser Gedächtnis, deswegen soll man sich nur das Wichtigste merken. Wir werden in den nächsten Stunden insgesamt drei Methoden kennen lernen, die uns beim Behalten von Textinhalten helfen.

Bemerkungen für die Unterrichtenden – zur Detektivmethode 5

Die DM 5 gehört zu den Behaltensmethoden. Die drei Behaltensmethoden bauen aufeinander auf. Zunächst werden die wesentlichen Textinhalte erschlossen; durch eine eigene Zusammenfassung werden sie neu geordnet und gelernt und zur Überprüfung abgefragt. Die DM 5 ist eine informationsreduzierende Strategie: Wichtige Textinhalte werden unterstrichen. Da die Unterscheidung zwischen Wichtigem und Unwichtigem stark vom jeweiligen Text und auch von der Intention, mit der ein Text gelesen wird, abhängt, erscheint es wenig sinnvoll, allgemein gültige Regeln aufzustellen. Deshalb sollte man die Frage: „Woran erkennt man, was wichtig ist?" diskutieren und die Regeln zusammen erarbeiten (z.B. die W-Fragen).

Einige Vorschläge und Anhaltspunkte

Setzen Sie beim Erarbeiten Prioritäten. Die angeführten Anhaltspunkte dienen als Anregung.

Woran erkennt man, was in einem Text das Wichtigste ist?
Bei einer Geschichte:

- Wichtig sind die Hauptpersonen einer Geschichte – **Wer** tut etwas? **Was** tut die Person?
- Wichtig sind die Umstände, unter denen etwas geschieht: **Wo** und **wann** geschieht etwas?
- Wichtig sind die Gründe für das, was geschieht, also: **Warum** tut jemand etwas?

Bei einem Sachtext:

- Um **was** geht es? – Oft ist es hilfreich, sich bei Sachtexten immer wieder neu zu fragen, worum es geht. Geht es zum Beispiel um ein Tier, so kann man sich fragen:
- **Wo** dieses Tier lebt, **wie** es aussieht, wie es lebt, wovon es sich ernährt, ...
- Sachtexte beinhalten meist **Beschreibungen,** wie etwas ist, wie es funktioniert, ...
- Sachtexte beinhalten außerdem **Daten**, wie z. B. Größen, Mengen, Jahreszahlen – Die passenden Fragewörter sind hier: **wann, wie viel, wie groß**, **wie schnell**
- Auch **Zusammenhänge** sind wichtig: **warum, weshalb, wozu**?

Arbeitsblatt S. 30 📖

Julia lädt Carsten ein

»Wenn ich nächste Woche Geburtstag habe, werde ich eine große Party geben. Dann lade ich Sandra, Danny, Michael, Stefan, Christian, Ahmet, Nora, Steve, Liat, Caroline, Babsi, Doro, Alex, Bennie und Isabel ein. Wenn du Lust hast, kannst du auch gern kommen.« - »Wann hast du denn Geburtstag?« - »Am 2. Dezember. Das ist zwei Tage vor dem 1. Advent. Am liebsten würde ich ja in unserem Reiterhof feiern, hinten auf der Wiese, aber im Winter ist es da zu kalt, also werden wir zu Hause unseren Keller ausräumen... Ich bin schon ganz aufgeregt. Ich muss vorher noch meine Freundin Doro um 12.30 Uhr vom Bahnhof abholen, weil sie mit dem Zug aus Berlin kommt und dann holen wir Liat ab, weil ihre Eltern sie nicht zu uns fahren können. Die anderen kommen alle ab 15.00 Uhr. Kommst du auch?« – »Mal sehen, was ist das denn für ein Tag?« – »Ein Freitag. Geboren bin ich an einem Samstagabend kurz vor Mitternacht. Beinahe wäre ich ein Sonntagskind geworden.«
»Da hab' ich aber Glück; normalerweise habe ich freitags immer Fußball. In der nächsten Woche wurde das Training aber auf Donnerstag verlegt. Dann komm' ich gern.«

Ziele	Gemeinsames Erarbeiten und Üben der DM 5
Material	Kärtchen: „Detektivmethode 5" Arbeitsblatt: „Julia lädt Carsten ein", S. 30
Erarbeitung	**Kärtchen „Detektivmethode 5" ansehen** Erarbeiten, was auf der Karte abgebildet ist. Die Detektivin hat einen Text vor sich und unterstreicht mit Stift und Lineal. Sie unterstreicht das Wichtige. Das weniger Wichtige unterstreicht sie nicht. So sollen wir auch bei unserem Text vorgehen. Wir sollen ihn Satz für Satz lesen und uns dabei fragen, was wichtig ist und was nicht. Das Wichtige markieren wir, indem wir es unterstreichen. Warum soll man diese Detektivmethode anwenden? Bei langen Texten kann man nicht alles behalten. Man muss sich dann entscheiden, was man behalten will und was nicht. Wir machen den Text damit also kürzer. Wir sollten das unterstreichen, was unbedingt nötig ist, um den Text noch zu verstehen, nicht mehr, nicht weniger. **Gemeinsam erarbeiten, welche Informationen in einem Text wichtig sind und warum sie unterstrichen werden sollten** Erörtern, dass je nach Frage verschiedene Informationen wichtig sind. Zunächst am Beispiel einer Geschichte W-Fragen diskutieren: Was ist wichtig? Die Hauptpersonen, was sie tun, usw. Dann W-Fragen zum Sachtext diskutieren: An solchen Fragen können wir uns orientieren, trotzdem müssen wir immer im Einzelfall überprüfen, was wichtig ist und was nicht.
Üben	**Die Methode auf den Beispieltext anwenden**
Weitere Anregungen	Falls Ihnen der Geburtstagstext zu einfach erscheint, können Sie zur Erläuterung der DM 5 auf eigene Texte zurückgreifen.

Hausaufgabe	Vorbereitung für die nächste Stunde
Material	Text „Eis", S. 31/32
Üben	**Der Text soll zur Vorbereitung gelesen werden**
Wichtige Hinweise	Text in der Folgestunde unter verschiedenen Fragestellungen mit DM 5 bearbeiten.
Weitere Anregungen	Die Schülerinnen und Schüler können überlegen, wie sie selbst Eiscreme herstellen würden.

Arbeitsblatt S. 31/32

Lies den Text mit einer ganz bestimmten Fragestellung.
Unterstreiche, was jeweils zur Beantwortung deiner Frage wichtig ist:
Gruppe A: **Wie wird Eis heute – seit 500 Jahren – hergestellt?**
Wie funktioniert eine Eismaschine?
Gruppe B: **Wie und von wem wurde vor Tausenden von Jahren Eis hergestellt?**
Eis im Sommer, ohne Kühlschrank – wie geht das?

Eis
Wie bei so vielen Dingen: Auch das Speiseeis wurde von den alten Chinesen erfunden. Das soll vor etwa 5000 Jahren gewesen sein. Aber auch bei den Römern ist Speiseeis hergestellt worden. Wie heute war Eis vor allem in der heißen Jahreszeit sehr beliebt. Zur damaligen Zeit war das allerdings nur etwas für reiche Leute. Man brauchte nämlich natürliches Eis oder Schnee für die Zubereitung, das gab es aber nur im Winter.
Wie also konnten die Römer Eis im Sommer herstellen? Sie bauten tiefe Keller oder holzverkleidete Erdhöhlen, die sie im Winter mit Eis und Schnee füllten. Zur Isolierung wurden sie mit einer dicken Schicht Stroh abgedeckt. Die Wände der Räume, in denen man jahrelang Eis lagerte, wurden dadurch heruntergekühlt, so dass sich Eis und Schnee bis in den Sommer hielten. Wenn den reichen Römern ihre Eisvorräte im Sommer dann doch geschmolzen waren, ließen sie sich durch Läufer frisches Eis von den Alpengletschern bringen.

Seit etwa 500 Jahren gibt es ein anderes Herstellungsverfahren: Alle Zutaten werden unter ständigem Rühren langsam gefroren. Dabei entsteht eine feste, aber zart schmelzende Creme. Um 1900 gab es noch keine Kühl- und Gefrierschränke, aber eine Eismaschine fehlte in keinem reichem Haus. Damals musste zum Gefrieren zunächst Stangeneis aus der Eisfabrik besorgt werden. Für die Speiseeisherstellung war das aber nicht kalt genug. Es wurde zerkleinert und mit Salz bestreut. Dadurch erhielt man eine so genannte Kältemischung (durch das Salz sinkt die Temperatur des Eises erheblich unter 0° C). Diese Kältemischung wurde nun in die Eismaschine gegeben. Darin kühlte sie einen Topf, in den die Zutaten für das Speiseeis gegeben wurden. Das Ganze war gut isoliert und wurde verschlossen. Eine Eismaschine hatte ein eingebautes Rührwerk, das von außen mit einer Kurbel gedreht werden konnte.
Die Hauptzutaten sind seither Wasser, Milch und Zucker. Dazu kommen je nach Geschmack weitere Zutaten wie Sahne, Butter, Ei und natürlich Früchte, Nüsse, Schokolade, Nougat, Karamell, Vanille, Mokka und Gewürze. Die Römer waren genügsamer. Sie mischten den Schnee mit Honig, Ei und Früchten – fertig war das Römereis.

Zum Text
Die Gruppen sollen nur diejenigen Textstellen unterstreichen, die zu ihren Fragen gehören. Die wichtigen Informationen zur jeweiligen Fragestellung befinden sich jeweils in der ersten bzw. zweiten Texthälfte und wurden für Sie markiert (Gruppe B) bzw. unterstrichen (Gruppe A).

Im Anhang S. 90/91 finden Sie eine Folienvorlage, die Sie zum gemeinsamen Unterstreichen während der Besprechung verwenden können.

Ziele	Anwenden der DM 5 auf einen Sachtext
Material	Arbeitsblatt: „Eis“, S. 31/ 32 Merkblatt: „Detektivmethode 5“, S. 33 Je nach Umsetzung der Besprechung: Folienvorlage S. 90/91 Je nach Umsetzung des Merkblattes: Folienvorlage S. 87
Üben	**Wiederholung der DM 5** **Zwei Gruppen bilden.** Jede Gruppe soll eine Fragestellung behandeln und überlegen / diskutieren, welche Informationen wichtig sind. Die eine Gruppe bekommt die Frage: „Wie wird Eis heute – d.h. seit 500 Jahren hergestellt? Wie funktioniert eine Eismaschine?“ Die andere Gruppe soll die Frage beantworten: „Wie wurde im alten Rom Eis hergestellt?“ Unterstreicht die zur Beantwortung der Fragen wichtigsten Informationen in dem Text. Denkt daran, nicht alles ist wichtig! Unterstreicht nur das Wichtigste zur Beantwortung eurer Frage! **Gemeinsam den Text „Eis“ Satz für Satz durchgehen** In Abhängigkeit von den Fragestellungen besprechen, welche Textstellen die Gruppen unterstrichen haben und welche nicht (ggf. Folien benutzen). Genau, die Einleitung gibt euch einen Überblick über das Thema. Aber sie gibt euch noch keine Hinweise zur Beantwortung eurer Fragestellung. Das unterstreichen wir also nicht. Diese Information ist für die Beantwortung eurer Frage nicht relevant. Dafür sollte es die andere Gruppe unterstrichen haben.
Reflexion	**Gemeinsam die Erfahrungen im Umgang mit der DM 5 besprechen** Ist es euch schwergefallen, das Wichtigste zu unterstreichen? Haltet ihr die Methode für sinnvoll? Hat sie euch geholfen?
Festigung	**Gemeinsam das Merkblatt „Detektivmethode 5“ ausfüllen**
Wichtige Hinweise	Bei der Unterscheidung von wichtigen und unwichtigen Textinhalten spielt vor allem bei Sachtexten die Intention eine Rolle, mit der ein Text gelesen wird. Dies soll am Text „Eis“ exemplarisch aufgezeigt werden. Bei der Besprechung der DM 5 sollen beide Gruppen Begründungen geben, warum sie bestimmte Informationen (nicht) unterstrichen haben.

Bemerkungen für die Unterrichtenden – zur Detektivmethode 6

Die DM 6 gehört zu den Behaltensmethoden. Sie zielt darauf ab, einen Text auf seinen wesentlichen Inhalt zu reduzieren. Vor dem Zusammenfassen ist es hilfreich vorzustrukturieren: Dies geschieht zum einen durch die Anwendung der DM 5, bei der wesentliche Kernelemente unterstrichen werden. Zum anderen ist es sinnvoll, zu Oberbegriffen zusammenzufassen, damit der Textinhalt kürzer wird. Die Schülerinnen und Schüler sollen überlegen, welche Textstellen sie weglassen und wie sie den Text in eigenen Worten zusammenfassen können.
Die Formulierung eigener Sätze führt zu einem intensiven Nachdenken über den Inhalt und damit zu einem besseren Textverständnis. Um das eigene Vorgehen zu systematisieren, werden die abschnittsweise zusammengefassten Textstellen durch Klammern kenntlich gemacht.

Arbeitsblatt S. 34 🕮

Achmed, der Narr
Freundlich ließ der Sultan sein Auge auf dem neuen Diener ruhen und befahl ihm: »Geh, Achmed, und bereite mir ein Frühstück!« Achmed gehorchte. Doch als der Sultan in sein Frühstückszimmer kam, begann er gewaltig zu schreien und seinen neuen Diener zu beschimpfen: »Achmed, du verflixter Schlingel, ich werde dich in den Kerker werfen lassen! Soll das etwa mein Frühstück sein?«
Was hatte Achmed auf dem kostbaren Frühstückstisch bereitgestellt? Eine Tasse Kaffee, drei Reisbrotfladen und etwas Honig, genau das, was er selbst zu frühstücken gewohnt war. Und weiter nichts.

1. Satz *(laut lesen)*: Freundlich ließ der Sultan sein Auge auf dem neuen Diener ruhen und befahl ihm: „Geh, Achmed, und bereite mir ein Frühstück!"
Was ist hier wichtig und muss unterstrichen werden? / WER? – Hier tauchen die beiden Hauptpersonen auf: der Sultan und Achmed, sein Diener – die sind bestimmt wichtig, und es ist wichtig, dass der Diener neu ist. / WAS? – Dann kommt hier gleich die erste Aufgabe für Achmed, das unterstreiche ich auch mal. Dass Achmed dazu weggehen muss, unterstreiche ich nicht.

2. Satz: Achmed gehorchte.
Was ist hier wichtig? / WAS? – Ja, dass Achmed gehorcht, das unterstreiche ich.

3. Satz: Doch als der Sultan in sein Frühstückszimmer kam, begann er gewaltig zu schreien und seinen neuen Diener zu beschimpfen: „Achmed, du verflixter Schlingel, ich werde dich in den Kerker werfen lassen! Soll das etwa mein Frühstück sein?"
Was ist wichtig? / WAS? – Wichtig ist, dass der Sultan sehr unzufrieden ist und schimpft, das unterstreiche ich. / WARUM? – Er ist mit dem Frühstück nicht zufrieden. Auch unterstreichen.

4. Satz: Was hatte Achmed auf dem kostbaren Frühstückstisch bereitgestellt?
Was ist wichtig? – Ich weiß ja, dass Achmed das Frühstück gemacht hat. Nichts unterstreichen.

5. Satz: Eine Tasse Kaffee, drei Reisbrotfladen und etwas Honig, genau das, was er selbst zu frühstücken gewohnt war.
Was ist wichtig? / WAS? – Ist es wichtig, was Achmed genau im Einzelnen serviert hat? Ich glaube nicht. Wichtig ist aber wohl, dass er das serviert hat, was er selber immer frühstückt, denn danach hat er ja die Auswahl getroffen. Das unterstreiche ich.

Ziele	Wiederholung und Festigung der DM 5
Material	Arbeitsblatt: „Achmed, der Narr", S. 34-37
Üben	**Wiederholen der DM 5** Heute wollen wir eine neue Geschichte lesen und die DM 5 daran noch einmal üben. **Text „Achmed, der Narr" gemeinsam lesen** **DM 5 mit Bleistift auf den ersten Teil des Textes anwenden** Vorschläge zur Umsetzung: Gemeinsam unterstreichen. Durch die Anwendung der W-Fragen wird in Partner-/ Gruppenarbeit diskutiert, was wichtig und unwichtig ist. Anschließend wird besprochen, was unterstrichen wurde. Jetzt sollt ihr das Wichtige im Text mit Bleistift unterstreichen und in eurer Gruppe diskutieren, warum genau die Stelle wichtig war. Ihr könnt dabei die W-Fragen anwenden, die euch bei der Entscheidung, was wichtig ist, helfen können. Wenn etwas zum Beispiel im vorherigen Satz genannt wurde, dann ist uns diese Information schon bekannt. Es wiederholt sich nur wieder. Das müssen wir dann nicht mehr unterstreichen.
Wichtige Hinweise	Bei der Besprechung sollen plausible Begründungen gegeben werden, warum etwas nicht unterstrichen wurde. Wichtige Textstellen, die unterstrichen werden sollten, sind im Lehrermanual, S. 54, 58 und 60, gekennzeichnet.
Weitere Anregungen	Zur Auflockerung und Wiederholung der DM 2 können Sie den Text nach dem Lesen nachspielen lassen.

Zur Überschrift: „Achmed, der Narr"
Die Bedeutungen des Wortes „Narr" sind vielfältig.
Folgende Aspekte können gemeinsam erarbeitet werden:
- der Narr als Tölpel, der sein Verhalten nicht hinterfragt
- der Narr als Spaßmacher und Streichespieler (z.B. Till Eulenspiegel),
- der Narr als Person, der indirekt Kritik üben darf, ohne dafür bestraft zu werden.

Beispiel

Wie gehen wir beim Zusammenfassen von Texten vor:
1. Was habe ich schon unterstrichen?
2. Was kann ich kürzen? Wo kann ich mehrere Worte durch ein Wort zusammenfassen?
3. Welche eigenen Worte kann ich benutzen?
4. Abschnittweise vorgehen; den zusammengefassten Bereich mit einer Klammer einfassen.

Arbeitsblatt S. 36 📖: Zusammenfassung des ersten Textteils

Ein Sultan befahl seinem neuen Diener Achmed, ihm ein Frühstück zu machen. Dieser gehorchte.

Als der Sultan sein Frühstück sah, wurde er sehr wütend auf seinen Diener. Es war nicht das auf dem Tisch, was er essen wollte.

Achmed hatte das auf den Tisch gestellt, was er selbst immer frühstückte.

Wichtig ist der Unterschied zwischen einer Nacherzählung und der Zusammenfassung eines Textes. Im Gegensatz zur Zusammenfassung wird ein Text bei der Nacherzählung ausgeschmückt und mit eigenen Worten angereichert, um Sachverhalte zu verdeutlichen.

Für die gemeinsame Erarbeitung stehen Ihnen Folienvorlagen zum Text inklusive einer Zusammenfassung im Anhang auf Seite 92-95 zur Verfügung. Die rechte Spalte zunächst abdecken!

Ziele	Gemeinsames Erarbeiten und Anwenden der DM 6
Material	Arbeitsblatt: „Achmed, der Narr", S. 34/35 Je nach Umsetzung der Zusammenfassung: Folienvorlage S. 92
Üben	**An die DM 1 erinnern und den Begriff „Narr" klären** Ihr habt auf der ersten Seite unterstrichen, was euch wichtig erschien. Jetzt wollen wir die erste Seite mit wenigen Worten zusammenfassen.
Erarbeitung	**Kärtchen „Detektivmethode 6" ansehen** Erarbeiten, was auf der Karte abgebildet ist. Warum ist es sinnvoll, das Wichtigste in eigenen Worten zusammenzufassen? Das Zusammenfassen hilft euch beim Behalten von Texten. Wenn ihr eure eigenen Worte benutzt, müsst ihr es wirklich verstanden haben, weil ihr den Text nicht einfach abschreiben könnt. **Gemeinsam das Tafelbild „Wichtiges zusammenfassen" erarbeiten** Wie fasst ihr einen Text zusammen? Wie geht ihr vor? Nützlich ist es, wenn ihr den Abschnitt einklammert, den ihr gerade zusammenfasst. So wisst ihr, auf welche Textstelle sich die Zusammenfassung bezieht.
Üben	**Anwenden der DM 6 auf die erste Seite des Textes** Vorschläge zur Umsetzung: In Stillarbeit den Text mit eigenen Worten zusammenfassen lassen. Es wird mit den unterstrichenen Wörtern gearbeitet. Gemeinsam mit der Klasse die Zusammenfassung der ersten Seite erarbeiten. Ggf. Folienvorlage S. 92 benutzen. War das Wichtigste in der Zusammenfassung? Was könnte man noch weglassen? Welche wichtigen Stellen haben gefehlt?
Weitere Anregungen	Man kann die Zusammenfassung auch auf separate Blätter schreiben lassen. Am Ende der Einheit wird auf dieses Blatt ein Bild zu einer Szene aus der Zusammenfassung gemalt. Das Ergebnis wird im Klassenraum aufgehängt.

Hausaufgabe	Üben, Festigung der DM 5
Material	Text: „Achmed, der Narr"; S. 34-37, 2. und 3. Teil
Üben	**Anwenden der DM 5 auf die restlichen 3 Abschnitte des Textes** Wichtige Textstellen in der Geschichte sollen unterstrichen werden.
Wichtige Hinweise	Das Unterstreichen der wichtigen Textstellen soll mit dem Bleistift erfolgen, damit Korrekturen möglich sind.

Arbeitsblatt S. 34 📖

»Wenn ich ein Frühstück bestelle«, belehrte ihn der Sultan, »hat Folgendes da zu sein: Kaffee, Mokka, Tee und Schokolade, Maisbrot und Weizenbrot, Butter, Sahne, Milch und Käse, Schinken, Wurst und Gänseleber, Honig, Marmelade, Gelee und Apfelmus, Pfirsiche, Orangen, Äpfel, Zitronen, weißer Pfeffer, roter Pfeffer, Curry und Zimt, Obstkuchen, Schokoladenkuchen und Sahnetorte, Karotten, Tomaten und Paprika. – Verstanden?«
»Verzeiht mir, o Herr!«, rief Achmed und versprach ihm, sich zu bessern. Der gütige Sultan verzieh seinem Diener.

Beispiel

Wie kann ich mehrere *Unterbegriffe* durch einen *Oberbegriff* ersetzen?

Apfel – Tisch – Stuhl – Katze – Birne – Banane – Hund – Schrank – Fisch

Die Dinge lassen sich in drei Gruppen unterteilen. Statt dessen könnte ich mir merken:
Obst, Tiere, Möbel.

Das Beispiel ist ein Vorschlag für die Erarbeitung der DM 6, falls die Schüler keine eigenen Ideen zum Zusammenfassen von Wörtern entwickeln.

Arbeitsblatt S. 36 📖: Zusammenfassung des ersten Textteils

Folgende Wörter können zusammengefasst werden:

Kaffee, Mokka, Tee und Schokolade
= *Getränke*
Maisbrot, Weizenbrot
= *Brotsorten*
Butter, Sahne, Milch, Käse
= *Milchprodukte*
Schinken, Wurst Gänseleber
= *Fleisch*
Pfirsiche, Orangen, Äpfel, Zitronen
= *Obst*
Karotten, Tomaten, Paprika
= Gemüse
Honig, Marmelade, Gelee und Apfelmus
= *Süßes*
Weißer Pfeffer, roter Pfeffer, Curry und Zimt
= *Gewürze*
Obstkuchen, Schokoladenkuchen, Sahnetorte
= Kuchensorten

Fasse den zweiten Teil der Geschichte hier zusammen!

Der Sultan sagte Achmed, dass er gern verschiedene Getränke, Brotsorten, Milchprodukte, Fleisch, Obst, Gemüse, Süßes, Gewürze und Kuchensorten zum Frühstück esse.

Achmed versprach, sich zu bessern. Da der Sultan gütig war, verzieh er ihm.

Haus-aufgabe	Besprechen der Hausaufgabe, Wiederholen und Festigen der DM 5
Material	Arbeitsblatt: „Achmed, der Narr"; S. 34-37, 2. und 3. Teil
Üben	**Text seitenweise lesen, Satz für Satz die Unterstreichungen besprechen** Was habt ihr unterstrichen? Warum habt ihr diese Stelle unterstrichen?
Wichtige Hinweise	Die Besprechung der Hausaufgabe und das Zusammenfassen beanspruchen erfahrungsgemäß viel Zeit. Wir empfehlen, eine Doppelstunde einzuplanen.

Ziele	Festigen und selbstständiges Üben der DM 6
Material	Arbeitsblatt: „Achmed, der Narr"; S. 34/35 Je nach Art der Umsetzung: Folienvorlage S. 93-95
Üben	**Demonstration der Zusammenfassung unter Oberbegriffe** Tafelbeispiel besprechen, dann 2. Teil des Textes zusammenfassen **Aufzählung im 2. Textabschnitt von Achmed gemeinsam zusammenfassen** Der Sultan wünscht sich viele Dinge zum Frühstück. Ist es sinnvoll, sich alle Einzelheiten zu merken? Wie könnte man seine Wünsche zusammenfassen? **Gemeinsames Anwenden der DM 6 auf den 2. Textabschnitt** Schüler schreiben eine Zusammenfassung des Textabschnittes auf, besprechen. Was war das Wichtigste? Was könnte man noch weglassen? Gemeinsames Erarbeiten anhand der Folienvorlage im Anhang, S. 93-95.
Wichtige Hinweise	Beim Anwenden der DM 6 sollen die unterstrichenen Textstellen berücksichtigt werden.

Haus-aufgabe	Üben der DM 6
Material	Arbeitsblatt: „Achmed, der Narr", S. 36/37, 4. Teil
Üben	**Text „Achmed, der Narr", S. 36, 4. Teil, zusammenfassen**
Wichtige Hinweise	Darauf hinweisen, dass im 4. Textabschnitt ebenfalls Aufzählungen vorkommen, die sich zu einem Oberbegriff zusammenfassen lassen.

Arbeitsblatt S. 36

Am anderen Morgen rief der Sultan den Leibdiener an sein Bett. »Oh, Achmed«, jammerte er, »ich bin krank und habe große Schmerzen! Geh schnell und hole mir einen Arzt!«
Achmed überlegte, was er wohl tun würde, wenn er selbst krank wäre, aber da fiel ihm ein, wie der Sultan ihn gestern beschimpft hatte. Er versprach, alles Nötige zu besorgen, und lief eilig davon. Der Sultan hingegen wartete eine ganze Stunde und noch eine Viertelstunde. Kein Achmed erschien und auch kein Doktor. Zornig rannte der Sultan im Zimmer auf und ab.
Da kam Achmed, völlig außer Atem und in Schweiß gebadet, hereingestürzt. »Achmed!«, schrie der Sultan. »Ich werde dich...«

Doch der Diener unterbrach seinen Herrn: »Mein Herr und Gebieter, es ist alles besorgt: Wundarzt, Zahnarzt, Nervenarzt und Wurzelhexe sind im Palast, der Imam wartet mit dem heiligen Öl, die letzte Fußwaschung ist bestellt, Blumen und Kränze werden geflochten, Musikanten und Klageweiber sind angetreten, das Grab ist geschaufelt, und der Leichenwagen steht vor der Tür.«
Als der Sultan das hörte, musste er so fürchterlich lachen, dass sein dicker Bauch wackelte. Weil aber das Lachen eine gute Medizin ist, lachte er sich über diesen Streich seines Dieners völlig gesund.

Arbeitsblatt S. 37: Zusammenfassung des dritten und vierten Textteils

Fasse den dritten Teil der Geschichte hier zusammen!

Am nächsten Morgen fühlte sich der Sultan krank. Sein neuer Diener sollte schnell einen Arzt holen. Achmed dachte nach, was er bei einer Krankheit unternimmt. Dann erinnerte er sich, an gestern. Er lief schnell weg, um alles zu erledigen.
Der Sultan wartete und wartete sehr lange und ärgerte sich sehr. Endlich kam Achmed angerannt.

Fasse den vierten Teil der Geschichte hier zusammen!

Achmed hatte verschiedene Ärzte besorgt. Er hat auch Vorbereitungen für eine Beerdigung getroffen, falls der Sultan sterben sollte.

Der Sultan musste über Achmeds Streich so viel lachen, dass er wieder gesund wurde.

Folgende Wörter können zusammengefasst werden:
Wundarzt, Zahnarzt, Nervenarzt = *Ärzte*

Diese Wörter können zu einem Thema zusammengefasst werden:
Imam, heilige Fußwaschung, Blumen, Kränze, Klageweiber, Musikanten, Grab schaufeln, Leichenwagen = *Vorbereitung zur Beerdigung*

Haus-aufgabe	Besprechen der Hausaufgabe, Wiederholen und Festigen der DM 6
Material	Arbeitsblatt: „Achmed, der Narr", S. 36/37, 4. Teil
Üben	**Zusammenfassungen vorlesen lassen** **Erarbeiten, ob und wie die Aufzählungen zusammengefasst wurden** Welche Personen hat Achmed geholt? Können wir Gruppen bilden? (Ärzte) ... Was hat er noch gemacht? Er hat eine Beerdigung vorbereitet, falls der Sultan sterben sollte. Wir können also seine Vorbereitungen unter den Oberbegriff ‚Beerdigung' zusammenfassen.
Wichtige Hinweise	Bei der Zusammenfassung soll deutlich werden, dass auch Handlungen/ Abläufe zu einem Thema/ Oberbegriff zusammengefasst werden können, um einen Text zu kürzen.

Ziele	Wiederholen und Festigen der DM 6
Material	Merkblatt: „Detektivmethode 6", S. 38 Kärtchen: „Detektivmethode 6" Je nach Umsetzung des Merkblattes: Folienvorlage S. 88
Reflexion	**Lesen der Zusammenfassung des gesamten Textes** **Nachbesprechung der DM 6** Könnt ihr den Text besser behalten, nachdem ihr ihn in eigenen Worten zusammengefasst habt? Was ist schwer an der Methode? Hilft sie beim Behalten von Texten?
Erarbeitung	**Das Thema des Textes unter Einbeziehung der Überschrift** Ihr kennt nun die Geschichte. Warum heißt die Überschrift „Achmed, der Narr"? Was hat Achmed falsch gemacht? Hat er absichtlich so gehandelt? Und der Sultan? Warum war er am Ende der Geschichte nicht mehr wütend? Was hat er aus Achmeds Verhalten lernen können?
Festigung	**Rückführung zur Bedeutung des Wortes „der Narr"** Achmed ist ein Narr im doppelten Sinne. Er verhält sich unbeabsichtigt tollpatschig und dumm. Gleichzeitig gelangt der Sultan durch die Handlungen seines Dieners, über die er lachen muss, zu Einsichten über sein Verhalten. Achmed übt damit indirekt Kritik am Sultan, ohne dafür bestraft zu werden. **Merkblatt „Detektivmethode 6" ausfüllen lassen** Anhang S. 88

Bemerkungen für die Unterrichtenden – zur Detektivmethode 7

Die DM 7 gehört zu den metakognitiven Strategien, deren Einsatz hilft, den Lernfortschritt zu überwachen.
Mit ihr können die Schülerinnen und Schüler prüfen, ob sie einen Text richtig behalten und sich die wichtigsten Aspekte gemerkt haben. Gleichzeitig können sie kontrollieren, ob sie die Behaltensmethoden DM 5 und DM 6 richtig angewendet haben.
Zum Einprägen eines Textes sollen zuerst die wichtigsten Textstellen unterstrichen und zusammenfasst werden. Anschließend wird die DM 7 eingesetzt, indem die wichtigsten Punkte noch einmal wiederholt werden.
Zur Behaltensüberprüfung sollen der Text bzw. seine wichtigsten Aspekte aufgesagt werden. Dies kann still oder laut erfolgen oder man kann es einer anderen Person erzählen. Das laute Aufsagen hat den Vorteil, dass die Schülerinnen und Schüler schneller merken, wenn sie eine Textstelle vergessen oder nicht richtig verstanden haben. Falls wichtige Punkte fehlen, sollen sie die entsprechenden Stellen (nicht den ganzen Text) noch einmal nachlesen und das Aufsagen wiederholen.

Tafelbild

Verfahren bei Detektivmethode 7

1. Ich sage auswendig die wichtigsten Punkte der Geschichte auf oder ich erzähle sie jemand anderem (Freund, Vater, Mutter...).
2. Wenn ich merke, dass ich etwas vergessen habe, schaue ich genau an dieser Stelle im Text noch einmal nach.
3. Ich sage dann noch mal alle wichtigen Punkte der Geschichte auf.

Ziele

Gemeinsames Erarbeiten der DM 7

Material

Kärtchen: „Detektivmethode 7"

Erarbeitung

Stellt euch vor, der Detektiv wird zu seinem Chef gerufen, um von einem Verhör zu berichten. Er hatte sich letzte Woche Notizen gemacht und alles Wichtige mit eigenen Worten aufgeschrieben. Jetzt fragt ihn der Chef, wie alt eigentlich der Herr Mayer war - der Detektiv kann sich genau erinnern, dass er es notiert hatte, aber er weiß es trotzdem nicht mehr.
Vielleicht ist euch das auch schon passiert. Ihr habt zu Hause für eine Klassenarbeit gelernt und wart euch sicher, dass ihr alles wisst. Aber in dem Test fielen euch viele Kleinigkeiten nicht mehr ein. Genau um dieses Problem geht es bei der DM 7.

Detektivkärtchen DM 7 ansehen

Daran das Thema „Behalten überprüfen" erarbeiten.
Was sehen wir hier auf der Karte?

Die Detektivin erzählt etwas, schaut dabei aber nicht auf den Text. In der oberen Ecke ist eine Sprechblase. Sie wiederholt alles noch einmal für sich, um zu gucken, ob sie wirklich alle wesentlichen Punkte behalten hat.

Gemeinsam das Tafelbild zum Ablauf der DM 7 erarbeiten

Wie könnt ihr selbst kontrollieren, ob ihr alles Wichtige vom Text behalten habt?
Was könnt ihr machen, wenn ihr merkt, dass ihr etwas Wichtiges im Text vergessen habt?
Müsst ihr den ganzen Text noch einmal lesen, wenn euch etwas nicht einfällt?

Gemeinsam den Sinn der DM 7 erarbeiten

Die Methode hilft euch ganz sicher zu sein, dass ihr auch nichts vergessen habt. Ansonsten habt ihr die Gelegenheit, noch einmal im Text an der Stelle nachzuschauen.

Wichtige Hinweise

Beim Ablauf der DM 7 sollen die Schülerinnen und Schüler nur die Stellen noch einmal lesen, die sie vergessen haben, nicht den gesamten Text.

Erstelle dein eigenes Kreuzworträtsel

Überprüfe, wie gut sich ein Mitschüler oder eine Mitschülerin den Text *Achmed, der Narr*, gemerkt hat. Schreibe zuerst 7 Fragen zu dem Text auf, die beantwortet werden sollen.

Für jede Frage soll es nur eine Antwort geben.

1. Wie heißt neben Achmed eine weitere Hauptperson?
2. Wie heißt der Oberbegriff für Pfirsiche, Orangen und Zitronen?

Male je Buchstaben jedes Lösungswortes ein Kästchen auf ein Blatt.
Du kannst die Kästchen waagerecht oder senkrecht malen. Wenn zwei Wörter denselben Buchstaben haben, können sich die Wörter an dieser Stelle überschneiden (z.B. beim S in SULTAN und OBST).
Nummeriere die Kästchen der Lösungswörter nach den Nummern der Fragen.
Es gilt: Ä = AE, Ö = OE, Ü = UE, ß = SS. Für diese Buchstaben benötigst du zwei Kästchen.
Hier ist ein Beispiel zu den Lösungen SULTAN und OBST (die Lösungswörter darfst du in dein echtes Kreuzworträtsel natürlich nicht hineinschreiben!).

			1.	
2.	O	B	S	T
			U	
			L	
			T	
			A	
			N	

Ziele	Gemeinsames Erarbeiten der DM 7
Material	Arbeitsblatt: Achmed, der Narr", S. 34-37 Merkblatt: „Detektivmethode 7", S. 39 Je nach Umsetzung des Merkblattes: Folienvorlage S. 89
Üben	**Den Text nacherzählen lassen** Wir haben in den letzten Stunden die Behaltensmethoden auf einen Text angewendet. Jetzt überprüfen wir, was wir behalten haben. Wer von euch kann die Geschichte von Achmed erzählen? Vorschläge zur Umsetzung: Ein Schüler oder eine Schülerin erzählt die Geschichte „Achmed, der Narr" nach; die Klasse bespricht, ob das Wichtigste wiedergegeben oder Textstellen vergessen wurden. Fehlende Textstellen werden gemeinsam nachgelesen und ergänzt. Ja, jetzt merkt ihr, dass ihr bestimmte Dinge doch vergessen habt. Oder: Prima, ihr habt alles Wichtige gut behalten, aber was würdet ihr machen, wenn ihr z.B. vergessen habt, was Achmed als Erstes tun sollte? Wir können im Text nachschauen, dann haben wir die Information. Müssen wir dazu den ganzen Text noch mal lesen? Nein, es reicht, wenn wir nur genau den ersten Absatz lesen. Gruppenarbeit: Wechselseitiges Erzählen und Überprüfen des Textes „Achmed, der Narr" in Zweier- oder Kleingruppen.
Reflexion	**Gemeinsam die Erfahrungen im Umgang mit der DM 7 besprechen.** Hat euch die Methode geholfen? Haltet ihr sie für sinnvoll?
Festigung	**Merkblatt „Detektivmethode 7" ausfüllen lassen** Anhang, S. 89
Wichtige Hinweise	Alle Behaltensmethoden sind nun eingeführt. Zur weiteren Festigung empfehlen wir, diese an einem weiteren Text zu üben, bevor Sie mit der Hinführung zum flexiblen Umgang mit allen Detektivmethoden beginnen.

Haus-aufgabe	Gemeinsames Anwenden und Festigen der DM 7 Arbeitsblatt: Achmed, der Narr", S. 34-37 Kreuzworträtselvorlage, im Anhang S. 96
Üben	Ein Kreuzworträtsel zum Text „Achmed, der Narr" entwickeln: Es werden Fragen zum Text gestellt. Die passenden Antworten werden in die Kästchen geschrieben. So können Schülerinnen und Schüler auf spielerische Weise ihr Behalten überprüfen. Die Kopiervorlage des Kreuzworträtselmusters befindet sich im Anhang, S. 96.

Bemerkungen für die Unterrichtenden – zur Mittel-Ziel-Analyse

Ziel des Lesetrainings ist es, Methoden und Strategien zu vermitteln, mit denen Texte systematisch bearbeitet werden können. Neben der Kenntnis solcher Strategien ist im Lernalltag der flexible, selbstgesteuerte Einsatz der Methoden wichtig.
Nach der Vermittlung der einzelnen DM gilt es zu verdeutlichen, dass nicht immer alle Strategien auf einen Text angewendet werden müssen. Die Auswahl von einzelnen Methoden ist abhängig davon, mit welchem Ziel bzw. unter welcher Aufgabenstellung ein Text gelesen wird. Vor dem Lesen eines Textes sollen die Schülerinnen und Schüler überlegen, welches (Lese-)Ziel sie haben bzw. welche Aufgabe ihnen gestellt wird. Anschließend wählen sie die Strategien aus, die zum Erreichen des Ziels notwendig sind.
Zur Vorbereitung auf den flexiblen, selbstständigen Umgang mit den DM werden alle Detektivmethoden noch einmal wiederholt. Damit soll sichergestellt werden, dass die Schülerinnen und Schüler den Nutzen und die Anwendungsbedingungen der einzelnen Methoden kennen und zwischen Verstehens- und Behaltensmethoden unterscheiden können.

Arbeitsblatt S. 40

Verstehensmethoden	Behaltensmethoden
Detektivmethode 1 Überschrift beachten **Vorgehensweise:** Fragen stellen: Was weiß ich schon über das Thema des Textes *oder* Wovon könnte der Text handeln. **Anwendung:** Ich wende sie vor dem Lesen eines Textes an.	**Detektivmethode 5** Wichtiges unterstreichen **Vorgehensweise:** Ich lese den Text Satz für Satz! Was ist wichtig und muss unterstrichen werden? (W-Fragen) **Anwendung:** Ich wende die Methode an, wenn ich nur das Wichtigste behalten will.
Detektivmethode 2 Bildlich vorstellen **Vorgehensweise:** Bei Geschichten stelle ich mir alles wie einen Film vor. Bei Sachtexten male ich mir ein Bild aus. **Anwendung:** Ich wende sie vor allem bei schwierigen Texten an.	**Detektivmethode 6** Wichtiges zusammenfassen **Vorgehensweise:** Was habe ich schon unterstrichen? Was kann ich kürzen? Welche eigenen Worte kann ich benutzen? **Anwendung:** Ich wende sie an, wenn ich nur das Wichtigste behalten will und DM 5 schon angewendet habe.
Detektivmethode 3 Umgang mit Textschwierigkeiten **Vorgehensweise:** Ich markiere die Stelle und Frage mich: 1.Was ist das Problem? 2.Welche Lösungsmöglichkeiten gibt es? 3.Was ist die beste Lösung? 4.Ist das Problem gelöst? **Anwendung:** Ich wende sie bei unbekannten Wörtern an oder wenn etwas unlogisch ist.	**Detektivmethode 7** Behalten überprüfen **Vorgehensweise:** Ich versuche, das Wichtigste nachzuerzählen. Dabei schaue ich nicht auf den Text! **Anwendung:** Ich wende die Methode an, nachdem ich DM 5 und DM 6 schon angewendet habe!
Detektivmethode 4 Verstehen überprüfen **Vorgehensweise:** Habe ich verstanden warum bestimmte Dinge passieren oder kommt mir etwas unlogisch vor? **Anwendung:** Ich wende die Methode an, wenn ich die DM 1 und DM 2 schon angewendet habe.	**Zum Arbeitsblatt** Das ausgefüllte Arbeitsblatt befindet sich als Folienvorlage im Anhang S. 97/98.

Ziele	Wiederholung der DM 1 – DM 7 Entwickeln eines flexiblen und angemessenen Einsatzes der DM
Material	Arbeitsblatt: „Übersicht über alle Detektivmethoden", S. 40 Je nach Art der Umsetzung: Plakatpapier zur Erstellung eines Posters oder Folien, im Anhang S. 97/98
Erarbeitung	**Ablauf und Anwendungsbedingungen aller DM wiederholen** Vorschläge zur Umsetzung: Jetzt haben wir alle DM kennen gelernt. Wie viele gibt es? Wie heißen sie? **Gemeinsam das Arbeitsblatt „Übersicht über alle DM" ausfüllen** Detektivmethode 1: Überschrift beachten Was haben wir bei der DM gemacht? Was haben wir uns gefragt? Sind alle Überschriften gleich gut? Wann sollen wir die Methode benutzen? Detektivmethode 2: Bildlich vorstellen ... Falls die schriftliche Erarbeitung des Arbeitsblattes zu zeitintensiv ist, kann die Wiederholung mündlich erfolgen, während einzelne Schülerinnen und Schüler die Antworten auf einem Poster/ Wandbild zusammentragen, das anschließend in der Klasse aufgehängt wird. **Wiederholen des Unterschiedes zwischen Verstehen und Behalten** Die sieben DM lassen sich in zwei Gruppen unterteilen. Verstehens- und Behaltensmethoden. Welche der DM gehört zu den Verstehensmethoden? Wobei helfen die Behaltensmethoden? Ihr konntet alle DM gut aufzählen. Bei der Zusammenstellung aller DM haben wir auch herausgefunden, dass jede Methode eine andere Funktion hat. **Gemeinsam den flexiblen Einsatz der DM erarbeiten** Würdet ihr jedes Mal, wenn ihr einen Text vor euch habt, alle sieben Methoden anwenden? Wovon hängt es ab, welche Methoden man braucht? Könnt ihr euch eine Situation vorstellen, in der man nicht alle DM anwenden muss? Oder vielleicht gar nicht darf? **Zusammenfassung** Es kommt darauf an, mit welchem Ziel wir einen Text lesen und wie schwierig er ist. Deshalb ist es wichtig vor dem Lesen zu überlegen, warum wir den Text lesen, also welches Ziel wir haben. Wenn der Text sehr einfach ist oder wenn wir ihn gar nicht behalten wollen, dann müssen wir bestimmt nicht alle DM anwenden. Je nachdem welches Ziel ich mit dem Lesen des Textes verfolge, wähle ich meine DM aus. Vor dem Lesen stellen wir uns immer zwei Fragen: 1. Was ist der Auftrag? Wozu lese ich den Text? 2. Welche Methoden muss ich einsetzen?

Arbeitsblatt S. 41

1. Aufgabe: Bearbeite den Text so, dass du ihn möglichst gut verstehst!
Welche Detektivmethoden willst du anwenden?

____

____

Bearbeite jetzt den Text.
Wende alle Detektivmethoden an, die du ausgewählt hast.

Wenn du den Text gut verstanden hast, kannst du folgende Frage beantworten:
Weshalb war die Seidenstraße für China und das Römische Reich so wichtig?

Weil auf ihr ein wichtiger Güteraustausch stattfand...

____

Arbeitsblatt S. 42

Die Seidenstraße

Die Seidenstraße ist eine alte Handelsstraße, die fast 10.000 km lang ist. Sie führte vor langer Zeit von China bis zum Römischen Reich. Viele Karawanen zogen auf ihr entlang. Deshalb nennt man sie auch Karawanenstraße. Eine Karawane ist ein langer Zug von Menschen oder Tieren, die sich hintereinander fortbewegen. Händler ritten auf Kamelen und Pferden über die Seidenstraße. Sie verkauften vor allem Seide, aber auch andere Waren. Für die Händler war der lange Weg mit ihren Karawanen eine mühsame, etwa ein Jahr dauernde Reise. Meist wurden die weiten Strecken auf Pferden zurückgelegt. Die Lasten wurden von Kamelen, Maultieren und Eseln getragen. Die Reise war mit großen Gefahren verbunden, weil weite Strecken durch die Wüste oder über hohe Berge überwunden werden mussten. Außerdem lockte die Ware auf dem Rücken der Kamele jede Menge Diebe an. Zum Schutz gegen die Diebe wurden die Karawanen von bewaffneten Mannschaften begleitet.

China lieferte neben Seide auch Gewürze wie Zimt und Ingwer, Keramiken, Pelze und Tee. In die andere Richtung wurden Glas, Gold und Silber, Weihrauch, Bernstein und Elfenbein transportiert. Auf dem Weg tauschten die Händler auch Gedanken und Informationen aus.

Im alten Rom war die kostbare chinesische Seide besonders gefragt, sie wurde mit Gold bezahlt. Es war ein Geheimnis, wie die Seide hergestellt wurde und die chinesischen Kaiser verrieten dieses Geheimnis niemandem. Seide wurde damals aus Raupen gewonnen, die es nur in China gab. Es war streng verboten, die Eier der Seidenraupen an andere Länder abzugeben. Wer es trotzdem tat, dem drohte der Tod. Erst viel später gelang es zwei Mönchen, die Eier der Seidenraupe heimlich von China ins Römische Reich zu bringen.

Eine Reise auf der Seidenstraße ist auch heute noch ein Abenteuer. Weil das Leben der Menschen sich in manchen Gebieten bis heute nicht sehr stark verändert hat, ist sie wie eine Reise in die Vergangenheit.

Ziele

Entwickeln und Einüben eines flexiblen und angemessenen Einsatzes aller DMs

Material

Arbeitsblatt: „Welche Detektivmethoden wähle ich wann", S. 41
Arbeitsblatt: „Die Seidenstraße", S. 42/43

Üben

Gemeinsam die erste Aufgabe lesen und bearbeiten

Auf dem Arbeitsblatt stehen zwei Aufgaben, die ihr nacheinander bearbeiten sollt. Ihr müsst selbst entscheiden, welche DM ihr anwendet, damit ihr die Aufgaben so gut wie möglich lösen könnt.

Vorschläge zur Umsetzung:
Einzelarbeit: Die Schülerinnen und Schüler tragen in das Arbeitsblatt ein, welche DM sie anwenden wollen.
Partner- / Gruppenarbeit: Die Wahl der Strategien wird gemeinsam in Kleingruppen diskutiert. Die Gruppe einigt sich auf ein gemeinsames Vorgehen.

Den Text „Die Seidenstraße" gemeinsam lesen und dann bearbeiten

Vorschläge zur Umsetzung:
Stillarbeit: Die ausgewählten DM werden auf den Text angewendet.
Partner- / Gruppenarbeit: Die Gruppen wenden gemeinsam die von ihnen ausgewählten DM an: sie erzählen sich gegenseitig was ihnen zur DM 1 einfällt, was sie sich bildlich vorstellen, lösen Textschwierigkeiten und prüfen sich gegenseitig, ob sie alles richtig verstanden haben.
Gemeinsames Anwenden der DM auf den Text.

Nach der Texterarbeitung die erste Aufgabe beantworten

Reflexion

Gemeinsam Wahl der DM und Lösung der Aufgabe besprechen

Ihr hattet die Aufgabe, den Text so zu bearbeiten, dass ihr ihn gut versteht.
Welche DM habt ihr angewendet? Verstehens- oder Behaltensmethoden?
Warum war die Seidenstraße früher für China und das Römische Reich sehr wichtig?
Versteht ihr den Text besser, wenn ihr alle vier Verstehensmethoden anwendet?

Wichtige Hinweise

Den Schülerinnen und Schülern ist es selbst überlassen, wie viele Detektivmethoden sie zur Bearbeitung der Fragestellung auswählen und anwenden wollen. Dies kann dazu führen, dass einige nur wenige DM anwenden. In der gemeinsamen Besprechung sollte daher diskutiert werden, ob diejenigen, die mehrere DM angewendet haben, den Text besser verstanden und/oder behalten haben.

Weitere Anregungen

Aufgabe 2 im Arbeitsblatt ist für die nächste Stunde gedacht.
Sie kann auch als Hausaufgabe bearbeitet werden.

Arbeitsblatt S. 41

2. Aufgabe: Bearbeite den Text so, dass du alles Wichtige behältst.
Welche Detektivmethoden willst du anwenden?

____

____

Bearbeite jetzt den Text.

Wende dabei die Detektivmethoden an, die du ausgewählt hast.

Hast du wirklich alles Wichtige behalten?
Schreibe die wichtigsten Punkte auf und schaue dabei nicht im Text nach!

____

____

____

Arbeitsblatt S. 42

Die Seidenstraße

Die Seidenstraße ist eine <u>alte Handelsstraße, die fast 10.000 km lang ist.</u>
Sie führte vor langer Zeit von China bis zum Römischen Reich. Viele Karawanen zogen auf ihr entlang. Deshalb nennt man sie auch Karawanenstraße. Eine Karawane ist ein langer Zug von Menschen oder Tieren, die sich hintereinander fortbewegen. Händler ritten auf Kamelen und Pferden über die Seidenstraße. Sie verkauften vor allem Seide, aber auch andere Waren. Für die Händler war der lange Weg mit ihren Karawanen eine mühsame, etwa ein Jahr dauernde Reise. Meist wurden die weiten Strecken auf Pferden zurückgelegt. Die Lasten wurden von Kamelen, Maultieren und Eseln getragen. Die Reise war <u>mit großen Gefahren verbunden</u>, weil weite Strecken durch die Wüste oder über hohe Berge überwunden werden mussten. Außerdem lockte die Ware auf dem Rücken der Kamele jede Menge <u>Diebe</u> an. Zum Schutz gegen die Diebe wurden die Karawanen von bewaffneten Mannschaften begleitet.
<u>China lieferte neben Seide auch Gewürze wie Zimt und Ingwer, Keramiken, Pelze und Tee. In die andere Richtung wurden Glas, Gold und Silber, Weihrauch, Bernstein und Elfenbein transportiert.</u> Auf dem Weg tauschten die Händler auch <u>Gedanken und Informationen</u> aus.
Im alten Rom war die kostbare chinesische Seide besonders gefragt, sie wurde mit Gold bezahlt. Es war ein Geheimnis, wie die Seide hergestellt wurde und die chinesischen Kaiser verrieten dieses Geheimnis niemandem. <u>Seide wurde damals aus Raupen gewonnen, die es nur in China gab.</u> Es war streng verboten, die Eier der Seidenraupen an andere Länder abzugeben. Wer es trotzdem tat, dem drohte der Tod. Erst viel später gelang es zwei Mönchen, die Eier der Seidenraupe heimlich von China ins Römische Reich zu bringen.
Eine Reise auf der Seidenstraße ist auch heute noch ein Abenteuer. Weil das Leben der Menschen sich in manchen Gebieten bis heute nicht sehr stark verändert hat, ist sie wie eine Reise in die Vergangenheit.

Ziele	Entwickeln eines flexiblen und angemessenen Einsatzes der DM
Material	Arbeitsblatt: „Welche Detektivmethoden wähle ich wann", S. 41 Arbeitsblatt: „Die Seidenstraße", S. 42/43
Üben	**Gemeinsam die zweite Aufgabe des Arbeitsblattes lesen** Vorschläge zur Umsetzung: Einzelarbeit: Die Schülerinnen und Schüler tragen auf S. 43 ein, welche DM sie anwenden wollen. Partner- / Gruppenarbeit: Die Wahl der Strategien wird gemeinsam in Kleingruppen diskutiert. **Den Text „Die Seidenstraße" bearbeiten lassen** Vorschläge zur Umsetzung: Stillarbeit: Die ausgewählten DM werden auf den Text angewendet. Partner-/ Gruppenarbeit: Jede Gruppe wendet die DM gemeinsam auf den Text an und diskutiert, was sie unterstreichen möchte und verfasst eine Zusammenfassung. **Nach der Textbearbeitung wird die zweite Aufgabe bearbeitet** Dabei das Behalten überprüfen. Vorschläge zur Umsetzung: Stillarbeit Zweier- / Gruppenarbeit: Die Partner prüfen wechselseitig, wie viel sie behalten haben.
Reflexion	**Gemeinsam die Wahl und Anwendung der DM besprechen** Ihr solltet das Wichtigste aus dem Text behalten. Wie habt ihr das gemacht? Welche Methoden habt ihr angewendet? Konntet ihr dadurch mehr von der Geschichte behalten? **Einige Zusammenfassungen vorlesen lassen** **Einige Schülerinnen und Schüler erzählen, was sie behalten haben**
Wichtige Hinweise	Die Informationen, die nicht fehlen sollten, sind auf der gegenüberliegenden Seite im Text unterstrichen.

Bemerkungen für die Unterrichtenden – zum Leseplan

In dieser Lerneinheit soll ein Leseplan erstellt werden, der den Schülerinnen und Schülern hilft, systematisch an Texte heranzugehen und sie planvoll zu bearbeiten.
Vor dem Lesen eines Textes wird die Frage gestellt, welches Ziel erreicht werden soll, bzw. wozu der Text gelesen wird. In Abhängigkeit von der Zielsetzung sollen anschließend bestimmte Detektivmethoden ausgewählt und während des Lesens eingesetzt werden.
Nach der Textbearbeitung ist das selbstständige Überprüfen der Zielerreichung wichtig. Die Reflexion über die Zielerreichung sowie die Wahl und Umsetzung der Lesestrategien dienen vor allem dazu, Fehler im Strategieeinsatz und Leseprozess zu erkennen und die Bearbeitung von Texten kontinuierlich zu verbessern.
Der Leseplan strukturiert den Prozess des Lesens und Lernens aus Texten in drei Phasen. Indem die Schülerinnen und Schüler den Strategieeinsatz selbstständig planen, überwachen und die Zielerreichung überprüfen, erwerben sie metakognitive Kompetenzen.

Arbeitsblatt S. 44

Ein Leseplan

Vor dem Lesen frage ich mich:

1. Wie lautet die Aufgabe?
   Wie lautet das Ziel?

2. Wie erreiche ich mein Ziel?
   Welche Detektivmethoden, welche Mittel setze ich ein?

Während des Lesens

Während des Lesens wende ich die von mir ausgesuchten Detektivmethoden an.

z.B. Detektivmethode 1: Überschrift beachten
Detektivmethode 2: Bildlich vorstellen
Detektivmethode 3: Umgang mit Textschwierigkeiten
Detektivmethode 4: Verstehen überprüfen
Detektivmethode 5: Wichtiges unterstreichen
Detektivmethode 6: Wichtiges zusammenfassen
Detektivmethode 7: Behalten überprüfen

Nach dem Lesen frage ich mich:

1. Habe ich mein Ziel erreicht?
2. Wenn nicht, was kann ich dann tun?

Zum Arbeitsblatt
Im Anhang befindet sich eine Folienvorlage des ausgefüllten Leseplans auf S. 99.

Zum Lesezeichen:
Eine Kopiervorlage zum Ausschneiden finden Sie im Anhang, S. 100. Die Vorlage kann mit einer eingelegten Pappe verstärkt werden.

Leseplanlesezeichen:

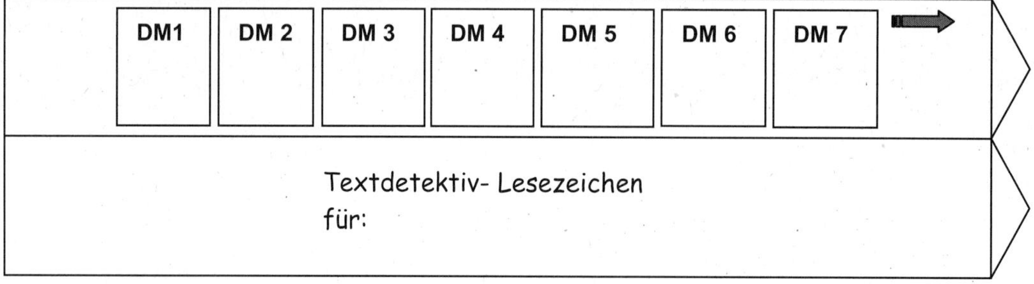

Ziele	Wiederholung und Festigung der Mittel-Ziel-Analyse
Material	Arbeitsblatt: „Leseplan", S. 44 Je nach Umsetzung des Leseplans: Folie, im Anhang S. 99 Leseplanlesezeichen: Vorlagen im Anhang S. 100
Erarbeitung	**Gemeinsam das Arbeitsblatt „Leseplan" ausfüllen** Es ist wichtig, dass man sich vor dem Lesen überlegt, wozu und mit welchem Ziel man den Text überhaupt liest, damit man entscheiden kann, welche DM man braucht. Wir entwickeln jetzt einen Plan, nach dem wir immer vorgehen wollen, wenn wir einen Text bearbeiten. *Vor dem Lesen ...* stellen wir uns also immer zwei Fragen: 1. Was ist der Auftrag? Wozu lese ich den Text? 2. Welche Methoden will ich einsetzen? *Während des Lesens ...* ... *Nach dem Lesen ...* überprüfen wir, ob wir unser Ziel erreicht haben. Das ist wichtig. Denn wenn wir unser Ziel nicht erreicht haben, sollen wir beim nächsten Mal anders vorgehen. So begehen wir nicht immer die gleichen Fehler. **Verteilen der Vorlagen der Leseplan-Lesezeichen**
Wichtige Hinweise	Nach diesem Leseplan soll jedes Mal vorgegangen werden, wenn die Klasse einen Text bearbeitet. Wichtig dabei ist das planende Vorgehen, der flexible Strategieeinsatz und die Überprüfung, ob das Ziel erreicht wurde. Eine zweite Unterrichtsstunde sollte ggf. eingeplant werden, damit die Anwendung des Leseplans an dem Text zu Ende geführt werden kann.
Weitere Anregungen	Der Leseplan kann auch auf ein Poster übertragen und in der Klasse aufgehängt werden.

Arbeitsblatt S. 45/46

Der Geniestreich

Bodo Biestig, polizeibekannter Einbrecher in München, stürmte die Treppen des Hauses Schweitzerstr. 48 hoch und klingelte im 4. Stock an einer Tür. Es dauerte drei Minuten, bis von jenseits der Tür eine weibliche Stimme fragte: »Wer ist da?« - »Ich bin es, dein Bruder, mach schon auf!«, rief Bodo. Ein Riegel kreischte und der Mann in der karierten Jacke, dem schwarzen Hemd und dem gelben Schlips trat ein.

»Es ist schon nach Mitternacht!«, fauchte seine Schwester Tanja. Sie schob den Riegel vor und schlappte in ihr Schlafzimmer zurück.

Bodo folgte ihr lächelnd und setzte sich auf einen wackligen Sessel.

Tanja hüpfte in ihr Bett zurück. »Also, was ist los, Bodo? Warum weckst du mich mitten in der Nacht?«

Bodo breitete die Arme aus und rief theatralisch: »Ich werde den Geniestreich des Jahrhunderts landen!« Dann erläuterte er seinen Plan: »Die Polizei weiß, dass ich nur in weißen Handschuhen arbeite!« Tanja nickte.

»Sie weiß, dass ich nur Virginias rauche und eine Vorliebe für die Duftnote *Sommernacht* habe!« Tanja nickte wieder. »Na also«, sagte er. »Na also was?« fragte sie. Bodo richtete sich auf und drückte die Brust heraus und flüsterte im Tonfall eines Predigers: »Heute Nacht breche ich bei Werner Steinreich ein!« Tanjas Augen wurden groß. »Dem *Juwelier*?«, fragte sie ungläubig. Und er: »Dem Juwelier!« - »Nein...«, schluckte Tanja. »Doch!«, sagte Bodo und fuhr fort: »Ich weiß, wo die Alarmanlage abgestellt wird. Ich werde den Duft von *Sommernacht* verbreiten, meine weißen Handschuhe, eine angerauchte Virginia und - meinen Führerschein liegen lassen... das heißt, Letzteren werde ich natürlich zufällig verlieren!« Tanja war entsetzt.

Er lächelte. »Den Führerschein habe ich vorgestern als gestohlen gemeldet.«

»Aber bei so viel Beweisen kommt man in jedem Fall auf dich. Handschuhe, Duft und Virginias. Warum rufst du nicht gleich die Polizei an und sagst, was du vorhast.« Doch Bodo lächelte. »Das ist er ja...« - »Was ist er?«

»Der Geniestreich des Jahrhunderts! Selbst der dümmste Polizist wird denken, dass mir da einer was anhängen wollte!«

Es dauerte einige Augenblicke, bis Tanja begriff. »Du hast Recht!« sagte sie. »Das ist wirklich ein Ding.« Bodo lächelte selbstzufrieden und legte sich dann ein wenig auf dem Küchensofa schlafen.

1 Uhr 30. Bodo Biestig schlüpfte in seine weißen Handschuhe und begann, sich mit dem ersten Schloss zu beschäftigen. Zwölf Minuten später erreichte er den Verkaufsraum und steckte den kostbaren Schmuck ein. Zwischen zwei Stühlen *verlor* er seinen Führerschein. Die angerauchte Virginia legte er in einen teuren Aschenbecher. Zuletzt zog er sich die weißen Handschuhe von den Fingern und legte sie unauffällig auf eine Vitrine. Seine letzten Handgriffe aber galten einer großen chinesischen Bodenvase, die er auf den Verkaufstresen stellte und an die er das Schild mit den Goldbuchstaben MERCI (Danke) lehnte. (Es hing vorher über der Tür.)

Um 4 Uhr 50 bereits erreichte er wieder die Wohnung seiner Schwester, die ihn zitternd erwartete. »Nun, was war?« Bodo leerte seine Taschen auf den Wohnzimmertisch. Ringe, Ketten, Broschen, Uhren, Goldreife und Diamanten. »Warst du auch vorsichtig?« Bodo grinste. »Es lief wie geschmiert!«

Dann verstaute er alles unter einem Dielenbrett und legte sich zufrieden auf besagtem Küchensofa schlafen.

8 Uhr 15 klingelte es an der Tür. »Geh nachsehen!«, murmelte Bodo müde und drehte sich auf die andere Seite. Richtig wach wurde er erst durch das Geräusch eines eigenartigen Klirrens. Handschellen! Derjenige, der mit ihnen winkte, war kein anderer als Kommissar Michael Fuchs: »Ein genialer Einfall, Biestig. Wäre nicht dieser dumme, völlig unnötige Fehler gewesen, Bodo, ich hätte wirklich geglaubt, irgendein anderer Gauner wollte Sie reinlegen!«

Ziele	Anwendung und Einübung des Leseplans Üben der Detektivmethoden
Material	Arbeitsblatt: „Der Geniestreich", S. 45-48
Üben	**Gemeinsam den Leseplan erarbeiten** Entsprechend Arbeitsblatt „Der Geniestreich" ausfüllen. Jetzt wollen wir uns als Textdetektive bei einem richtigen Kriminalfall betätigen, ihr sollt beim Lesen den Fall lösen. Wie sieht euer Leseplan aus? Vorschläge zur Umsetzung: In Partnerarbeit die Aufgabe diskutieren und die ausgewählten DM mit Bleistift in die Arbeitsblätter eintragen lassen. Anschließend gemeinsam besprechen. Gemeinsam das Arbeitsblatt ausfüllen. 1. Wir sollen den Fall lösen, also herausfinden, was im Text steht. 2. Welche DM müssen wir einsetzen, damit wir den Fall lösen können? Wir müssen sehr aufmerksam lesen. Gut ist bestimmt auch, sich die Situation bildlich vorzustellen, also DM 2. Vielleicht brauchen wir auch noch die DM 3, wenn wir Textschwierigkeiten haben. Und damit ich alles gut verstehe, muss ich auch die DM 4 einsetzen, mich also immer fragen, ob ich alles verstanden habe. Müssen wir unser Behalten auch überprüfen? Ist es wichtig, Dinge zu behalten? Nein, eher nicht, wir sollen die Geschichte nicht nacherzählen. **Den Text lesen und die Verstehensmethoden anwenden lassen** Vorschläge zur Umsetzung: Den Text Abschnitt für Abschnitt gemeinsam durchgehen. Überschrift beachten, bildliche Vorstellungen und Lösungen von Textschwierigkeiten können in Stillarbeit notiert werden. Anschließend wird im Klassenverband überprüft, ob alles richtig verstanden wurde. Der Inhalt der Geschichte wird nachgespielt. Textschwierigkeiten können in Partnerarbeit diskutiert und behoben werden. Sie entstehen voraussichtlich an den links unterstrichenen Stellen. Anschließend wird das Verstehen überprüft. **Lösung des Falls in eigenen Worten auf dem Arbeitsblatt eintragen** Anschließend besprechen, ob das Ziel erreicht wurde. Welche Lösung habt ihr gefunden? Habt ihr euer Ziel erreicht?
Reflexion	**Gemeinsam das Textdetektivtraining reflektieren** Das Training ist beendet. Ihr seid nun Textdetektive. Was meint ihr, habt ihr Fortschritte gemacht? Seid ihr besser geworden? Wenn ja, woran liegt das? Haben die DM euch geholfen, Texte besser zu verstehen? ...
Wichtiger Hinweis	**Hinweis auf die weitere Verwendung der Detektivmethoden** Man kann sie immer und überall anwenden um einen Text besser zu verstehen.
Weitere Anregungen	Zum Abschluss des Trainings können Sie „Textdetektiv-Urkunden" ausstellen. Eine Kopiervorlage hierfür finden Sie im Anhang auf S. 101.

Lösungen Durchgang 1:

	1. Durchgang: j und e durchstreichen!	
1	i j u h z t g l o ö ä ü j k u z t r e w f t o m a t e m z	
2	k j u i g z i r b l u m e m k l p ö m h n j r r w q a x w	
3	ö i m n z i o l p t e w q x s a l y ä z f t h v d r k j f	
4	l k o ö u e a d w x v g u j z r g n j k k o l ö ü j u p w	
5	l j ä m u p ä h t r k l h d s y a f r h a s e p l ö u i z q	
6	a s q u k o m v o b s t y v g h n j k o l z h r s e d b	
7	ö ä l k o j d q a y c v f r d g h p j t e m v j o l p j t	
8	r e n n e n b y i l h g k l m n o ö p i u k j t f r d k s	
9	ö k j ü u g b g r e d x f h t g n j o k l u t r d s q a o	
10	o k j z g r d v g b i j h m k k l t e w s y x c f b j p l g	
11	ü l p m b y c e l e f a n t g q y x ü ö i o f g h j b t	
12	e w w q g f j h i k n h u k l ä g f r d e ä x y c v b g j	

Lösungen Durchgang 2:

	2. Durchgang: z und i durchstreichen!
1	j i k h t r d e w s x l o q i h z g k a t z e ö n b l ö ö g
2	q w d r g j k p m v f d t h d z j r x a g h o k z g p z
3	h d y w s t u h l n j o o i k g i l p n h g z x y z e d w
4	o k p ü ö k h t f r w s c d v b h j ö h z q o l ö r w a
5	i k l z t e k ö n i g j n y s c a q u k l ö m h b g g o i g
6	a p q f j k l ö i z t r g b v h j o p ö k j u h n m r d w
7	ü ä p l k f y s x q n h k z p d r v h i k n g o p l e w
8	m p j k o p ö h z r e d s f z u k j b f z i g b ü ä l k j
9	ä l ä ü p j u z t r w q s d f h e m d d r x y l p t v o l
10	l o m j p g u e b s k a ä m y ü o r v z n p ö q e a y x
11	a f f e g i x k g f v i j k n l p ö g z t r d s g c v n m
12	a e q g b m l m ö ä ü p u i u g f d h r v g z j l o j a ö

Lösungen Durchgang 3:

	3. Durchgang: s und o durchstreichen!	
1	d v b l a t t t l a w v g f c s k l ö m p j n m o u g r	
2	i h j t r e w d q g b h j o k p l ö j u h g t d v b n t r d	
3	j n h k ö h g f r d w q y c s v j i o l ö j m h g x u k j	
4	j k l z g r e d b h e x e o k l z n i l t b r v d q z h p	
5	z h r t w s x v b j i l o l ü ä h g i f t b f w q x a y s	
6	p l o z h n l ö p r f u h e d c v f w s a x g n h p j k j	
7	p ö o p l i f t v u h e d y s q v d h g u n z b l j k t	
8	i k m p p h j f l d v b e j h a d s q x g f h p l ü j k t	
9	o l j k p ö n b z g v t f d w q x l s n k o l g z b d t h	
10	p l m j k t f l o h c h e d q a y s v f b h m k l z h r d	
11	p l i j h t g b n f e w q x y o l j p ö h u n g e r v c f i	
12	p l ö j i g h i k g r f v c d p h n j c x s f g h a w s l	

Merkblatt

Detektivmethode 1:
Überschrift beachten!

Die Detektivmethode 1 gehört zu den Verstehensmethoden.

Ablauf:

Ich wende die Detektivmethode 1 an, indem ich mich bei einer Überschrift frage:
Wovon handelt die Geschichte oder der Text?
oder
Was weiß ich bereits? Was habe ich schon darüber gehört?
Während und nach dem Lesen schaue ich im Text nach, ob meine Überlegungen richtig waren!

Wann wende ich diese Detektivmethode an?

Ich wende die Detektivmethode 1 vor dem Lesen des Textes an.

Warum benutze ich diese Methode?

Ich kann den Text besser verstehen, weil ich schon über das Thema nachdenke und schon eine Vorstellung vom Geschehen habe.

Merkblatt

Detektivmethode 2:
Bildlich vorstellen

Die Detektivmethode 2 gehört zu den Verstehensmethoden.

Ablauf:

Bei Geschichten wende ich die Detektivmethode 2 an, indem ich das Geschehen wie einen Film in meinem Kopf ablaufen lasse.

Bei Sachtexten wende ich die Detektivmethode 2 an, indem ich mir ein Bild vorstelle (oder sogar zeichne) und diesem die Einzelheiten wie in einem Puzzle hinzufüge.

Wann wende ich diese Detektivmethode an?

Wenn die Texte besonders schwierig sind, wende ich diese Methode an.

Warum soll ich mir Texte bildlich vorstellen?

Wenn ich mir Texte bildlich vorstelle, lerne ich sie besser zu verstehen.

Merkblatt

Detektivmethode 3:
Umgang mit Textschwierigkeiten

Die Detektivmethode 3 gehört
zu den Verstehensmethoden.

Ablauf:

Wenn ich auf Textschwierigkeiten stoße, will ich

- stoppen
- das schwierige Wort unterstreichen
- Die Fragen beantworten:
  1. Was finde ich schwierig?
  2. Wie kann ich das Problem lösen?
     - jemanden fragen
     - im Lexikon nachschlagen
     - das Wort ableiten
     - aus dem Zusammenhang erklären
  3. Was ist die beste Lösung?
     Ich setze meine Lösung ein und prüfe sie.
  4. Ist das Problem damit gelöst?

Wann wende ich diese Detektivmethode an?
Ich wende sie an,

- wenn ich ein Wort nicht kenne.
- wenn ich einen schwierigen Zusammenhang nicht verstehe.

Was will ich mit dieser Methode erreichen?
Ich wende die Methode an, damit ich den Satz vollständig und richtig verstehe.

Merkblatt

Detektivmethode 6:
Wichtiges zusammenfassen

Die Detektivmethode 6 gehört zu den Behaltensmethoden.

Vorgehensweise:

1. Ich schaue nach, was ich bereits unterstrichen habe.
2. Kann ich noch etwas kürzen?
3. Ich fasse das Unterstrichene mit meinen eigenen Worten zusammen.

Wann fasse ich einen Text zusammen?
Ich benutze diese Methode, wenn ich die wichtigsten Informationen aus einem Text brauche und lernen soll.

Warum wende ich diese Detektivmethode an?
Der Text wird kürzer und ich muss mir keine unwichtigen Einzelheiten merken. Ich behalte den Text deshalb besser. Wenn ich den Text mit meinen eigenen Worten zusammengefasst habe, habe ich ihn gut verstanden und kann ihn mir besser merken.

Merkblatt

Detektivmethode 7:
Behalten überprüfen

Die Detektivmethode 7 gehört zu den Behaltensmethoden.

Vorgehensweise:
Wie gehe ich vor?

1. Ich versuche, den Text nachzuerzählen!
2. Wenn ich nicht mehr weiter weiß, lese ich die bestimmte Stelle noch einmal.
3. Ich erzähle den Text noch einmal.

Wann wende ich diese Methode an?
Ich wende diese Methode an, wenn ich mir den Text oder wichtige Stellen daraus merken soll. Vorher habe ich das Wichtigste unterstrichen (DM 5) und das Wichtigste zusammengefasst (DM 6).

Warum kontrolliere ich, ob ich alles behalten habe?
Ich will sicher sein, dass ich nichts vergessen habe und mir nichts Falsches gemerkt habe.

Eis

Wie bei so vielen Dingen: Auch das Speiseeis wurde von den alten Chinesen erfunden. Das soll vor etwa 5000 Jahren gewesen sein. Aber auch bei den Römern ist Speiseeis hergestellt worden. Wie heute war Eis vor allem in der heißen Jahreszeit sehr beliebt. Zur damaligen Zeit war das allerdings nur etwas für reiche Leute. Man brauchte nämlich natürliches Eis oder Schnee für die Zubereitung, das gab es aber nur im Winter.

Wie also konnten die Römer Eis im Sommer herstellen? Sie bauten tiefe Keller oder holzverkleidete Erdhöhlen, die sie im Winter mit Eis und Schnee füllten. Zur Isolierung wurden sie mit einer dicken Schicht Stroh abgedeckt. Die Wände der Räume, in denen man jahrelang Eis lagerte, wurden dadurch heruntergekühlt, so dass sich Eis und Schnee bis in den Sommer hielten. Wenn den reichen Römern ihre Eisvorräte im Sommer dann doch geschmolzen waren, ließen sie sich durch Läufer frisches Eis von den Alpengletschern bringen.

Seit etwa 500 Jahren gibt es ein anderes Herstellungsverfahren: Alle Zutaten werden unter ständigem Rühren langsam gefroren. Dabei entsteht eine feste, aber zart schmelzende Creme. Um 1900 gab es noch keine Kühl- und Gefrierschränke, aber eine Eismaschine fehlte in keinem reichem Haus. Damals musste zum Gefrieren zunächst Stangeneis aus der Eisfabrik besorgt werden. Für die Speiseeisherstellung war das aber nicht kalt genug. Es wurde zerkleinert und mit Salz bestreut. Dadurch erhielt man eine so genannte Kältemischung (durch das Salz sinkt die Temperatur des Eises erheblich unter 0° C). Diese Kältemischung wurde nun in die Eismaschine gegeben. Darin kühlte sie einen Topf, in den die Zutaten für das Speiseeis gegeben wurden.
Das Ganze war gut isoliert und wurde verschlossen. Eine Eismaschine hatte ein eingebautes Rührwerk, das von außen mit einer Kurbel gedreht werden konnte.
Die Hauptzutaten sind seither Wasser, Milch und Zucker. Dazu kommen je nach Geschmack weitere Zutaten wie Sahne, Butter, Ei und natürlich Früchte, Nüsse, Schokolade, Nougat, Karamell, Vanille, Mokka und Gewürze. Die Römer waren genügsamer. Sie mischten den Schnee mit Honig, Ei und Früchten – fertig war das Römereis.

Achmed, der Narr

Freundlich ließ der Sultan sein Auge auf dem neuen Diener ruhen und befahl ihm: »Geh, Achmed, und bereite mir ein Frühstück!« Achmed gehorchte.	Ein Sultan befahl seinem neuen Diener Achmed, ihm ein Frühstück zu machen. Dieser gehorchte.
Doch als der Sultan in sein Frühstückszimmer kam, begann er gewaltig zu schreien und seinen neuen Diener zu beschimpfen: »Achmed, du verflixter Schlingel, ich werde dich in den Kerker werfen lassen! Soll das etwa mein Frühstück sein?«	Als der Sultan sein Frühstück sah, wurde er sehr wütend auf seinen Diener. Es war nicht das auf dem Tisch, was er essen wollte.
Was hatte Achmed auf dem kostbaren Frühstückstisch bereitgestellt? Eine Tasse Kaffee, drei Reisbrotfladen und etwas Honig, genau das, was er selbst zu frühstücken gewohnt war. Und weiter nichts.	Achmed hatte das auf den Tisch gestellt, was er selbst immer frühstückt.

»Wenn ich ein Frühstück bestelle«, belehrte ihn der Sultan, »hat Folgendes da zu sein: Kaffee, Mokka, Tee und Schokolade, Maisbrot und Weizenbrot, Butter, Sahne, Milch und Käse, Schinken, Wurst und Gänseleber, Honig, Marmelade, Gelee und Apfelmus, Pfirsiche, Orangen, Äpfel, Zitronen, weißer Pfeffer, roter Pfeffer, Curry und Zimt, Obstkuchen, Schokoladenkuchen und Sahnetorte, Karotten, Tomaten und Paprika. – Verstanden?«	Der Sultan sagte Achmed, dass er gern verschiedene Getränke, Brotsorten, Milchprodukte, Fleisch, Obst, Gemüse, Süßes, Gewürze und Kuchensorten zum Frühstück esse.
»Verzeiht mir, o Herr!«, rief Achmed und versprach ihm, sich zu bessern. Der gütige Sultan verzieh seinem Diener.	Achmed versprach, sich zu bessern. Der gütige Sultan verzieh ihm den Fehler.

Erstelle dein eigenes Kreuzworträtsel!
Überprüfe, wie gut sich ein Mitschüler oder eine Mitschülerin den Text *Achmed, der Narr* gemerkt hat. Schreibe zuerst 7 Fragen zu dem Text auf, die beantwortet werden sollen.
Für jede Frage soll es nur eine richtige Antwort geben.

1. ____________________
2. ____________________
3. ____________________
4. ____________________
5. ____________________
6. ____________________
7. ____________________

Male je Buchstaben jedes Lösungswortes ein Kästchen auf ein Blatt.
Du kannst die Kästchen waagerecht oder senkrecht malen. Wenn zwei Wörter denselben Buchstaben haben, können sich die Wörter an dieser Stelle überschneiden (z.B. beim S in SULTAN und OBST).
Nummeriere die Kästchen der Lösungswörter nach den Nummern der Fragen. Es gilt: Ä =AE, Ö=OE, Ü=UE, ß=SS. Für diese Buchstaben benötigst du 2 Kästchen. Hier ist ein Beispiel zu den Lösungen SULTAN und OBST (die Lösungswörter darfst du in deinem Rätsel natürlich nicht hineinschreiben!):

Zum Beispiel:

1 Wie heißt der Oberbegriff für Pfirsiche, Orangen und Zitronen?

2. Wer ist neben Achmed eine weitere Hauptperson?

			1.	
2.	O	B	S	T
			U	
			L	
			T	
			A	
			N	

Verstehensmethoden

Detektivmethode 1
Überschrift beachten
Ablauf:
Fragen stellen:
Was weiß ich schon über das Thema des Textes *oder* Wovon könnte der Text handeln.
Anwendung: Ich wende sie vor dem Lesen eines Textes an.

Detektivmethode 2
Bildlich vorstellen
Ablauf:
Bei Geschichten stelle ich mir alles wie einen Film vor.
Bei Sachtexten male ich mir ein Bild aus.
Anwendung: Ich wende sie vor allem bei schwierigen Texten an.

Detektivmethode 3
Umgang mit Textschwierigkeiten
Ablauf:
Ich markiere die Stelle und frage mich:
1. Was ist das Problem?
2. Welche Lösungsmöglichkeiten gibt es?
3. Was ist die beste Lösung?
4. Ist das Problem damit gelöst?

Anwendung: Ich wende sie bei unbekannten Wörtern an oder wenn etwas unlogisch ist.

Detektivmethode 4
Verstehen überprüfen
Ablauf:
Habe ich verstanden, warum bestimmte Dinge passieren oder kommt mir etwas unlogisch vor?
Anwendung: Ich wende die Methode an, wenn ich die DM 1 und DM 2 schon angewendet habe.

Behaltensmethoden

Detektivmethode 5
Wichtiges unterstreichen
Ablauf:
Ich lese den Text Satz für Satz! Was ist wichtig und muss unterstrichen werden? (W-Fragen)
Anwendung: Ich wende die Methode an, wenn ich nur das Wichtigste behalten will.

Detektivmethode 6
Wichtiges zusammenfassen
Ablauf:
Was habe ich schon unterstrichen? Was kann ich kürzen? Welche eigenen Worte kann ich benutzen?
Anwendung: Ich wende sie an, wenn ich nur das Wichtigste behalten will und DM 5 schon angewendet habe.

Detektivmethode 7
Behalten überprüfen
Ablauf:
Ich versuche, das Wichtigste nachzuerzählen.
Dabei schaue ich nicht auf den Text!
Anwendung: Ich wende die Methode an,
nachdem ich DM 5 und DM 6 schon angewendet habe!

Ein Leseplan

Vor dem Lesen frage ich mich:

1. Wie lautet die Aufgabe?
   Wie lautet das Ziel?

2. Wie erreiche ich mein Ziel?
   Welche Detektivmethoden, welche Mittel setze ich ein?

Während des Lesens

Während des Lesens wende ich die von mir ausgesuchten Detektivmethoden an.

z.B. Detektivmethode 1: Überschrift beachten
Detektivmethode 2: Bildlich vorstellen
Detektivmethode 3: Umgang mit Textschwierigkeiten
Detektivmethode 4: Verstehen überprüfen
Detektivmethode 5: Wichtiges unterstreichen
Detektivmethode 6: Wichtiges zusammenfassen
Detektivmethode 7: Behalten überprüfen

Nach dem Lesen frage ich mich:

1. Habe ich mein Ziel erreicht?
2. Wenn nicht, was kann ich dann tun?

Was ist mein Ziel / meine Aufgabe?

Welche DM wähle ich aus?

DM 1	DM 2	DM 3	DM 4	DM 5	DM 6	DM 7
Ich beachte die Überschrift! Was weiß ich schon über das Thema?	Ich stelle mir ein Bild zum Text oder einen Film zu dem Geschehen im Text vor!	Stopp! Ich löse zuerst das schwierige Wort, bevor ich weiterlese!	Habe ich alles verstanden? Wer ist beteiligt? Wo, wann, wie, warum passiert es?	Ich unterstreiche wichtige Wörter und fasse Auf-zählungen unter Oberbegriffe zusammen!	Ich kürze den Text auf die Hälfte, indem ich den Inhalt in meinen Worten aufschreibe.	Habe ich mir wichtige Dinge gemerkt? Oder muss ich wichtige Textstellen nachlesen?

Ziel erreicht? Aufgabe gelöst? Was habe ich gut gemacht? Was kann ich beim nächsten Mal verbessern?

Textdetektiv- Lesezeichen für:

____

Was ist mein Ziel / meine Aufgabe?

Welche DM wähle ich aus?

DM 1	DM 2	DM 3	DM 4	DM 5	DM 6	DM 7
Ich beachte die Überschrift! Was weiß ich schon über das Thema?	Ich stelle mir ein Bild zum Text oder einen Film zu dem Geschehen im Text vor!	Stopp! Ich löse zuerst das schwierige Wort, bevor ich weiterlese!	Habe ich alles verstanden? Wer ist beteiligt? Wo, wann, wie, warum passiert es?	Ich unterstreiche wichtige Wörter und fasse Auf-zählungen unter Oberbegriffe zusammen!	Ich kürze den Text auf die Hälfte, indem ich den Inhalt in meinen Worten aufschreibe.	Habe ich mir wichtige Dinge gemerkt? Oder muss ich wichtige Textstellen nachlesen?

Ziel erreicht? Aufgabe gelöst? Was habe ich gut gemacht? Was kann ich beim nächsten Mal verbessern?

Textdetektiv- Lesezeichen für:

____

Textdetektiv-Urkunde

....

hat erfolgreich die Ausbildung zum/zur Textdetektiv/in absolviert.

Datum:

....

Ausbildungsstätte:

....

Ausbilder:

....

Name:_____________________________

Blanco heißt Weiß

Michael saß auf einer Holzbank im Park und hörte dem Zwitschern der Vögel zu.
Ein kleiner Hund mit weißem Fell streunte durch den Park. Er sah aus, als hätte er seit Wochen im Dreck geschlafen, so struppig und staubig war sein Fell. Der Hund schien Zutrauen zu Michael gefasst zu haben. Behutsam näherte er sich der Bank. Michael beobachtete interessiert, wie er vorsichtig mit eingezogenem Kopf auf ihn zukam. Das eine Ohr war gespitzt, das andere hing abgeknickt herab.
»Blanco!«, rief Michael und schnipste mit den Fingern. »Komm her, Blanco!«
Dass die Farbe Weiß auf Spanisch Blanco heißt, hatte Michael von seinem spanischen Brieffreund Antonio gelernt, dem er seit seinem Urlaub in Barcelona vor zwei Jahren regelmäßig schrieb.
Der Hund war bis zur Parkbank herangekommen und schnupperte. Mit großen hungrigen Augen sah er den Jungen an. Michael ärgerte sich, dass er nicht ein paar Fleischstücke vom Mittagessen mit in den Park genommen hatte. Er kramte in seiner Umhängetasche und tatsächlich fand sich dort ein halbes Butterbrot.

Hier hast du Platz zum Anwenden der Detektivmethoden.

Seine Mutter hatte es ihm noch in die Tasche gesteckt, bevor er aus dem Haus gegangen war.

Michael legte es dem Hund vorsichtig an den Rand der Parkbank. Ein Stück von einem Butterbrot war ja bestimmt kein Leckerbissen. Aber der Hund schien sehr hungrig zu sein: Mit einem Satz stürzte er sich auf das Brotstück und verschlang es blitzartig.

Zutraulich legte er sich vor Michael nieder und blickte ihn an. »Du hast bestimmt noch mehr Hunger, Blanco, aber leider habe ich nichts mehr.« Als der Hund ihm den Kopf in den Schoß legte, kraulte er ihn liebevoll. »Du hast ja gar kein Halsband um, Blanco.«

Nach einer Weile sah Michael auf seine Uhr und erhob sich. Der Hund stand ebenfalls auf und schüttelte sein Fell. »Komm, ich hol´ dir was zu fressen.«

Der Hund lief dicht hinter ihm her. Immer wenn Michael anhielt, hockte er sich neben ihn und sah ihn mit erwartungsvollen Augen an. Setzte der Junge seinen Weg fort, trottete das Tier in geringem Abstand hinter ihm her. Hin und wieder drehte sich Michael nach ihm um. Dann wedelte der Hund mit dem Schwanz und schaute ihn fragend an.

Vor der Wohnung bückte sich Michael zu dem Hund, streichelte ihm den Kopf und flüsterte: »Meine Eltern dürfen dich nicht sehen, Blanco. Warte hier draußen auf mich.«

Name:________________________

1. Wie stellst du dir den Ort vor, an dem die Geschichte spielt?

2. Denkst du, dass der Hund in der Geschichte einen Besitzer hat? Benutze Informationen aus dem Text, um deine Vermutung zu begründen.

3. Unterstreiche den Satz, der erklärt, warum die Überschrift der Geschichte »Blanco heißt Weiß« lautet.

4. Der Hund fasst Vertrauen zu Michael. Finde zwei Wörter im Text, die dieses zeigen, und schreibe sie heraus.

1.______________________________

2.______________________________

5. Wie könnte die Geschichte weitergehen?

Name:____________________

Annas Auftritt

Anna ist völlig überwältigt. Sie sitzt vor einem großen Friseurspiegel und muss sich schminken lassen. Immer wieder schaut sie in den Liedtext, den sie gleich singen will. Der besteht zwar nur aus drei Strophen, aber sicher ist sicher. Dabei fing alles so einfach an. Eines Vormittags sah sie ein Poster an einer Hauswand. Eine Agentur suchte Musiktalente zur Gründung einer neuen Band. Anna hatte natürlich gleich dort angerufen. Schließlich sang sie seit ihrer Kindheit und ihre Freunde behaupteten, sie sänge besser als Britney Spears. Nach dem Telefongespräch bekam Anna eine Einladung zum Vorsingen; es sollte ihr erster kleiner Auftritt sein.

»Die Sänger bitte ins Studio!«, klang eine Stimme aus einem Lautsprecher. Die Maskenbildnerin führte Anna an vielen wartenden Mädchen und Jungen vorbei, bis zu einer Tür, über der ein rotes Signal leuchtete: »Probe!« Sie schob Anna hinein, drehte sich um und ging wieder. Anna stand auf einer großen Bühne und sah sich sprachlos um. Von der Decke der Bühne hingen so viele Scheinwerfer, dass sie von dem Licht völlig geblendet war. »Die Zwei weiter weg!«, rief ein Mann von unten und ein Kameramann schwenkte einen der Schweinwerfer von ihrem Gesicht weg. Jetzt erst konnte Anna die Bühne näher betrachten.

Hier hast du Platz zum Anwenden der Detektivmethoden.

____

____

____

____

____

____

____

____

____

____

____

____

____

____

»Wie unglaublich groß die Bühne ist!«, dachte Anna erstaunt und kam sich selbst winzig klein vor. Dann sah sie neben sich den Flügel, an dem ein Mann in einem roten, glitzernden Jackett saß, der gerade die Noten weglegte.

»Tag, Anna«, sagte eine von den fünf Personen aus den Publikumsreihen, »mein Name ist Schöller, ich bin der Veranstalter. Und das sind Leute aus der Musikbranche. Wir wollen gern hören, wie gut du singen kannst.«

»Ich möchte ein Lied von Whitney Houston singen«, sagte Anna. Ihr kam es vor, als hätte sie einen großen Kloß im Hals.

»Was für eines soll es denn sein?« – »I will always love you!«, antwortete Anna mit zittriger Stimme. Der Pianist fing an, in einem Stapel Papier zu kramen. Endlich fischte er die zwei Notenblätter heraus und spielte die ersten Töne des Liedes an.

»Bitte noch mal die Maske!«, brüllte Herr Schöller.

Die Maskenbildnerin kam hereingestürzt und puderte Annas Stirn nach. Jetzt erst merkte Anna, dass sie schwitzte. Das kam unter anderem von den vielen Scheinwerfern – darunter waren es sicher dreißig Grad. Der Tontechniker kam und drückte ihr noch schnell das Mikro in die Hand. Ihre Knie fühlten sich plötzlich ganz weich an.

»Bitte Ruhe, es kann losgehen!« rief Herr Schöller. Vom Flügel ertönten die ersten Klänge.

Name:______________________________

1. Wie stellst du dir den Ort vor, an dem die Geschichte spielt?

____

____

____

____

____

____

____

2. Denkst du, dass Anna aufgeregt ist? Benutze Informationen aus dem Text, um deine Vermutung zu begründen.

____

____

____

____

____

____

____

____

3. Unterstreiche den Satz, der erklärt, warum die Überschrift der Geschichte »Annas Auftritt« lautet.

4. Anna ist beeindruckt, als sie die Bühne sieht.
Finde zwei Wörter im Text, die dies zeigen, und schreibe sie heraus.

1.____________________________

2.____________________________

5. Schreibe den Inhalt der Geschichte in eigenen Worten auf.

Beispiele für Klassenarbeiten

Wir haben drei Beispiele für Klassenarbeiten zu den Trainingsinhalten ausgearbeitet. Die Aufgaben sind den Themen „Verstehensmethoden", „Behaltensmethoden" und „Mittel-Ziel-Analyse / Erstellen eines Leseplans" zuzuordnen. Dabei lassen sich jeweils drei Lehrzielbereiche unterscheiden:

- Wissen über Methoden,
- Anwendung von Methoden,
- Textverstehen.

Die Beispiele sollen Ihnen als Muster und Hilfestellung bei der Ausarbeitung eigener Klassenarbeiten dienen und beziehen sich alle auf den unten stehenden Beispieltext. Insbesondere beim dritten Beispiel dient die Vielfalt an Aufgabenstellungen als Anregung, wie Fragen zu den unterschiedlichen Lehrzielen gestellt werden können. Eine Anpassung an die Leistungsfähigkeit Ihrer Klasse ist in jedem Fall notwendig.

Weitere Texte, die sich zur Verwendung in Klassenarbeiten bewährt haben, finden sie in:

Dorenkamp, U. / Melzer, H. / Nussbaum, R.(1999). AugenBlicke. Lesebuch für die Sekundarstufe I, 5. Schuljahr. Braunschweig: Westermann
Besonders empfohlener Text: „Hannes fehlt" von U. Wölfel.
Preußler, O. (1988). „Zwölfe hat´s geschlagen – dreimal dreizehn Geschichten". Stuttgart: Thienemann Verlag.
Pfeiffer, K. (2002). Lustiges Lesetraining, ab 5. Klasse. Düren: Stolz Verlag.

Das Steinzeitfeuerzeug

Es gibt drei Merkmale, die den Menschen deutlich von den Tieren unterscheiden: Sprache, aufrechter Gang und die Nutzung des Feuers. Die Menschen haben schon immer Feuer benutzt, aber sie haben erst später gelernt, wie man selber Feuer macht. Vor 500.000 Jahren nutzten Menschen zum Beispiel das Feuer, das durch einen Blitzschlag entstand. Das Feuer mussten sie dann sorgsam hüten, damit es nicht erlosch.
Die ersten eindeutigen Hinweise, dass Menschen selbst Feuer machen konnten, sind rund 15.000 Jahre alt. Dafür verwendeten sie zwei Steine: Schwefelkies und Feuerstein. Schwefelkies ist ein goldglänzender Stein, der oft mit richtigem Gold verwechselt wird. Deshalb nennt man ihn auch Katzengold. Der Feuerstein ist ein dunkler Stein, der dickem, schwarzem Glas ähnelt. Beide Steine wurden so lange bearbeitet, bis sie wie kleine kantige Dreiecke aussahen. Dann wurden sie über getrocknetem Holz oder Gras gegeneinander geschlagen, bis Funken flogen. Die Funken entfachten dann das Gras. Durch kräftiges Pusten entstand schließlich ein richtiges Feuer. Damit war es den Menschen möglich, an jedem Ort und zu jeder Zeit Feuer anzuzünden.

Thema: Verstehensmethoden (DM 1 – 4)

Folgende Lehrziele sollen erfasst werden:
- Wissen über die Detektivmethoden 1 – 4 (1. – 2. Aufgabe)
- Anwendung der Detektivmethoden 1 – 4 (3. – 5. Aufgabe)
- Textverstehen (5. Aufgabe)

1. Aufgabe:
Notiere die ersten vier Detektivmethoden der Reihe nach. Schreibe zu jeder Methode auf, was man dabei machen muss.

2. Aufgabe:
a) Wobei hilft die Detektivmethode 2?
b) Wann sollte man Detektivmethode 3 anwenden?

3. Aufgabe:
Die Überschrift des Textes heißt: *Das Steinzeitfeuerzeug*
Wende Detektivmethode 1 an! Schreibe dazu einen kurzen, zusammenhängenden Text. (Sobald du die 4. Aufgabe bearbeitet hast, darf an deinem Lösungsvorschlag nichts mehr verändert werden!)

4. Aufgabe:
Lies den Text durch und wende dabei Detektivmethode 2 an.
Kennzeichne während des Lesens alle Begriffe, die du nicht verstehst, durch eine wellenförmige Unterstreichung und ein Fragezeichen am Rand.
Wende dann Detektivmethode 3 an. Auf einem leeren Blatt kannst du dir stichpunktartig Notizen machen. Diese Notizen werden nicht bewertet, sollen aber abgegeben werden.

Hier Text einfügen

5. Aufgabe:
Wende Detektivmethode 4 an.
(Der Klasse sollte ein Wörterbuch zur Verfügung stehen.)

Beantworte anschließend folgende Fragen:
a) Warum war es für die Menschen so wichtig, dass sie selbst Feuer machen können?
b) Beschreibe kurz, wie man früher Feuer gemacht hat.
c) Warum heißt der Text „Das Steinzeitfeuerzeug"?

Thema: Behaltensmethoden (DM 5 – 7):

Folgende Lehrziele sollen erfasst werden:
- Wissen über die Detektivmethoden 5 – 7 (1. + 2. Aufgabe)
- Anwendung der Detektivmethoden 5 – 6 (3. + 4. Aufgabe)

1. Aufgabe:
Notiere die letzten drei Detektivmethoden (5-7) der Reihe nach. Schreibe zu jeder Methode auf, was man dabei machen muss.

2. Aufgabe:
a) Wobei hilft die Detektivmethode 5?
b) Wann sollte man Detektivmethode 7 anwenden?

3. Aufgabe:
Gehe den Text Absatz für Absatz durch und wende Detektivmethode 5 an!

4. Aufgabe:
Wende Detektivmethode 6 an, so wie du es gelernt hast. Achte auf eigene Worte!

Thema: Selbstregulierter Einsatz aller Detektivmethoden (DM 1 – 7), Mittel – Ziel – Analyse, Anwendung des Leseplans

Folgende Lehrziele sollen erfasst werden:
- Wissen über die Detektivmethoden 1 – 7 (1. + 2. Aufgabe)
- Erstellen eines Leseplans (3. Aufgabe)
- Mittel-Ziel-Analysen; Selbstständige Auswahl von Detektivmethoden; (4. Aufgabe)
- Anwendung der ausgewählten Detektivmethoden (5. Aufgabe)
- Textverstehen (6. Aufgabe)

1. Aufgabe:
Notiere die Detektivmethoden (1-7) der Reihe nach. Schreibe zu jeder Methode auf,
a) was man dabei machen muss,
b) wann man sie benutzen soll.

2. Aufgabe:
Die ersten vier Detektivmethoden heißen __________methoden.

Die letzten drei Detektivmethoden heißen ____________methoden.

3. Aufgabe:
Der Text heißt „Das Steinzeitfeuerzeug". Du sollst ihn so genau bearbeiten, dass du alles möglichst gut verstehst. Erstelle einen Leseplan!

4. Aufgabe
Schreibe auf, welche Detektivmethoden du auswählst, und erkläre kurz, warum.

6. Aufgabe:
Beantworte folgende Fragen:
a) Warum war es für die Menschen so wichtig, dass sie selbst Feuer machen können?
b) Beschreibe kurz, wie man früher Feuer gemacht hat.
c) Warum heißt der Text „Das Steinzeitfeuerzeug"?